英国式インターナショナルスクールで
娘が変わった！

ケンブリッジ
スタイル
Cambridge
Style

佐藤陽子 著

かざひの文庫

PROLOGUE

はじめに

皆さんは、「海外で子育てをする」と聞くとどんなイメージを持たれるでしょうか?

インド、インドネシア、カナダ、日本……言葉も文化もまるで違うこれらの国は、実は私が二人の子供を育ててきた国々です。

インドの幼稚園、インドネシアの小学校、中学校に通った息子は、最終的に日本で慶應義塾大学の経済学部を卒業。30代近くなった今は銀行員として海外を飛び回り、仕事をとても楽しんでいます。

娘は現在18歳。カナダで生まれ育ち、今はケンブリッジカリキュラムを採用している都内のインターナショナルスクールに通っています。

PROLOGUE
はじめに

先日、「Aレベル」と呼ばれる国際的な大学入学資格試験を終えました。まだ最終的にどこに進学するかは決まっていませんが、海外の大学を希望し、たくさんの選択肢を前に夢を膨らませています。

小さくおとなしかった娘が、18歳になった今は、政治や社会についても自分の意見をしっかり言えるまでに育ってくれました。そんな娘の姿は眩しくもあり、心配半分、期待半分で見守っています。


さて、冒頭の質問に戻りましょう。

「海外で子育て」と聞くと、やはり、不安や心配事のほうが多いイメージかもしれませんね。それでなくても悩みが多く大変な子育てが、言葉の問題、食べ物、人間関係など、より一層「トラブルが増えそう」「育てにくそう」と感じる方が多数派でしょうか。

ですが、夫のインドへの海外赴任が決まった時の私はとても能天気でした。

「海外で暮らして子育てをするなんてとっても楽しそう！　絶対に行きたい！」と強く思ってしまったのです。

そこから海外で10年以上にわたる子育ての経験を積み、日本では公立校やインターナショナルスクールの教育環境の中で子供たちの成長を見守ってきました。

それぞれ異なる文化に触れながら、どのようにして子供たちに最適な教育を提供できるかを模索してきた日々は、私にとって貴重な学びの連続でした。

そうして、各国での子育てをする中で、さまざまな教育システムにも触れてきました。

私の子供たちが学んだ英語での教育カリキュラムは、アメリカ式カリキュラム、カナダ式カリキュラム、そしてケンブリッジカリキュラムです。

私が、日本でお子さんの将来について悩まれている親御さんたちにぜひ知ってもらいたいと思うのが、他でもないケンブリッジカリキュラムです。

ケンブリッジカリキュラムは、その名のとおり、イギリスのケンブリッジで生まれました。個人個人の資質に合わせた柔軟性と、受験のためだけではない深い学びを重視し、子供たちの自主性と探究心を育む理想的な教育プログラムです。

国際的に見ればバカロレアよりも採用している学校の数は多いのですが、バカロレア認

PROLOGUE
はじめに

定校が多い日本ではまだまだ少ないのが実情。

ですが、ここのところ日本でもさまざまな学校で取り入れる動きが出てきており、正にこれからの教育カリキュラムといえます。

読者の皆さんは、これからの時代にどのようなお子さんを育てたいと考えていますか？

私は、今しかない子供時代を楽しみながら、受験勉強だけを頑張るのではなく、自分の学びたいことや興味を追求し、それが高校や大学への進学にプラスになるのが理想ではないかと考えています。

そのためには、ケンブリッジカリキュラムの型にはめず個性を重視するスタイルはとても素晴らしいものだと感じています。

まだ情報が少ないため、「もっともっと日本でも広まってほしい！」という思いから、この本がきっかけになればと執筆を決意しました。

Chapter 1では、まずは自己紹介も兼ねて、私と二人の子供の海外遍歴についてお話ししています。

私は、日本の航空会社に勤めていた頃、外国に行ったこともなければ飛行機に乗ったことも一度しかありませんでした。

しかし、初めての外国生活を経て、多様な文化や価値観に触れることで、自分自身も大きく成長しました。そんな私がどのようにしてバイリンガルの子供たちを育ててきたのか、その軌跡を辿っていきたいと思います。

Chapter 2では、意外と知られていないインターナショナルスクールと一般校の違いや、国際バカロレアとケンブリッジカリキュラムについての概要を私なりに調べています。そしてChapter 3では、これからどんどん日本で広まることが予感されるケンブリッジカリキュラムの「今」を各方面から取材しました。

最後のChapter 4では、日本の現在の教育環境について思うこと、ケンブリッジカリキュラムだけでなく、ケンブリッジスタイルの生き方や価値観についても語らせていただいています。

日本を愛する外国人が増え続ける中、グローバル環境はますます加速しています。海外学習を希望する日本の子供たちの未来に、ケンブリッジカリキュラムが一つの選択肢として広がっていくことを、この本がサポートできれば幸いです。

本書では、私自身の経験や具体的なエピソードを交えながら、ケンブリッジカリキュラムの特徴やメリット、そしてその導入方法について詳しく解説しています。

さらに、異なる国での子育てを通じて学んだことや、文化の違いによる教育のアプローチの違いについても触れています。

現在のグローバル社会において、日本の子供たちもどんどん世界へと羽ばたいていくことでしょう。

本書がその一助となることを願っています。

佐藤陽子

Cambridge Style
CONTENTS

CONTENTS

目次

CHAPTER 03
ケンブリッジカリキュラムのリアル

CONTENTS

目次

CHAPTER 04 日本の教育と未来

The mind is not a vessel to be filled,
but a fire to be kindled.
——Plutarchus

マインドとは、詰め込まれる容器ではなく、
点火される炎である。
——プルタルコス（1～2世紀、ギリシア人歴史家）

決まった知識を詰め込む装置ではなく、自分の心から湧き上がる探求心に火をともすこと。「どんな解答を出すか」よりも、「どんな問題意識を持つか」に重きを置く教育、そして生き方を推奨するのが、ケンブリッジカリキュラムです。

佐藤陽子

Cambridge
Style

CHAPTER 01

二人の子供と
4カ国での子育て

1 インド——異国での子育てデビュー

不安よりも好奇心で行動した初の海外暮らし

私の海外での育児奮闘記は、５歳の長男が通ったインドの幼稚園から始まります。今から20年以上前のこと、私たち家族はインドのニューデリーに、初めての海外駐在生活を送るために意気揚々と降り立ちました。

そこで私たちを待ち受けていたのは恐ろしい臭気とぎらぎらした目のインド人たち。５歳の息子は日本で味わったことのない雰囲気と匂いに、吐き気をもよおしてしまいました。

航空会社勤務をしていた私自身、飛行機に初めて乗ったのは航空会社入社後の新入研修時であり、国際線も一回しか乗ったことがありませんでした。

海外駐在企業、人数も少ない時代でしたし、私自身は外国で生活をすることがとてもまぶしく感じられ、憧れました。場所はどこでもかまわなかったのです。

そんな中、友達はみんな心配してくれました。当時最貧国のひとつであったインドへ、「なぜわざわざ家族帯同で行くの？　単身赴任でいいんじゃないの？」と口を揃えて言われたものです。

しかし、私の心は不思議と好奇心いっぱいで何一つ不安はありませんでした。

当時入国に必須であった狂犬病、A型肝炎、B型肝炎、破傷風、腸チフスなどの予防接種を各々数回何ヶ月もかけて受け、インドに赴任していた先輩方から色々なアドバイスもいただき、持っていくべき食料や薬などいろいろと揃えました。

日本の本や雑誌を定期的に取り寄せる手続きもしました。周りの心配をよそに心は希望で満ち溢れていたし、早くインドへ行きたかったのでしょう。初めての海外生活、それもインド。周りの意見にとらわれない私にぴったりだと思いました。小学校の時から人と同じものを持ったりするのが嫌だったし、いじめられている子を助けるためにとなりのクラスに乗り込んでいくような元気な子供だったのです。

当時は両親も若く元気で「遊びに行くよ」と快くインドへ送り出してくれました。

実際に両親はそれぞれ別の時期にやってきて、インドの民族衣装を着たり、ジャイプール、ジョドプールなどディープなインドを満喫していました。

タージマハルに限らず、インドは魅力的な遺跡に溢れ、旅行先のホテルも大理石や歴史ある調度品で日本とは全く違う雰囲気を醸し出していました。ぽっちゃり体型の美人な母はインドの民族衣装サリーがとても似合っていました。サリーを着ているとどこかの大使夫人かと見間違えられたりもしたものです。

食事も気をつけていたためか、3年半のインド生活で、家族の中で誰も大病をしませんでした。

日本人学校附属幼稚園への入学

当時はインターネットも今ほど普及していなかったので、インドの学校を調べるのにも、とても苦労した覚えがあります。

Eメールは使えたので、候補の日本人学校付属幼稚園とアメリカンスクールなどへ問い合わせて、申込書などの資料を郵送してもらいました。

息子がまず入園したのは、日本人学校附属幼稚園です。

校長も教師も園児もほぼ日本人なので、日本で幼稚園に通わせるのとそう大差なかったと思います。

停電も楽しみのひとつ

インドでは、駐在妻の多くは「早く日本に帰りたい」「日本が一番良い」というようなことを口にしていました。

確かに、日本と比べれば不衛生ですし、不便なことも多かったと思います。よく覚えているのが、停電です。停電のたびに、うちではキャンドルを灯してしのいでいました。

異国の地で、真っ暗な闇の中でゆらゆら揺れるろうそくの炎は幻想的で、息子にも「キレイだね〜」などと言いながらその時間を楽しみました。なかなか日本では味わえない非日常のひとときだったように思います。

「その国に暮らしている時はその国をとことん楽しむ」

というのが私のポリシー。

「3、4年したら帰国するのだから、帰ってから『インドをもっと楽しめばよかった』と後悔しないように良いところを探そうね」と言い聞かせていました。

どうしても入れたかったアメリカンエンバシースクール

幼稚園の卒園を迎え、息子は小学校からはニューデリーにあるアメリカンエンバシースクール（以下、AES）へ通うことになりました。

ここは、1952年にアメリカ大使館の要請によってインド連邦政府がアメリカ人駐在員の子供のために設立した学校です。

それまで通っていた日本人学校の幼稚園もとても良い学校ではあったけれど、せっかく限られた期間で海外生活をするのだから、英語教育の学校へ入れてみたいと思ったことと、自宅から日本人学校への距離が少し遠いというのがアメリカンスクールを選んだ理由です。

当時、通学圏内に他にめぼしい外国人学校は見当たらず、日本人学校以外であればここか現地校という選択肢しかありませんでした。

夫は引き続き日本人学校へ入れるべきだと主張していましたが、私は根気強く説得。

「新しい環境にはチャンスがある!」

それが私のモットーでした。

学校を移る時、当時の日本人小学校の校長先生に「幼少期の日本語の教育が欠けることは大変な損失になりますよ」と厳しく諭されましたが、私は自分の直観にしたがってAESへ小学校入学手続きをしました。

私はもちろん英語だけでなく日本語の教育もとても大切だと思っているし、日本の国や文化を誇りに思っています。

その一方で、この素晴らしい文化、慣習を世界に伝えるためにも第2言語の習得はとても大切なことだと考えています。

英語を学ばないままのアメリカンスクール入学

それまで日本人学校の幼稚園に通っていた息子は、英語が分からないままにAESの小学校へ無事入学しました。

「特に英語を学ばせないままアメリカンスクールに入れた」というと驚かれるのですが、「なんとかなるだろう」精神で、全く心配していませんでした。

ですが、やはり登校初日、息子は泣いていました。日本とまったく文化の違うインドに連れてこられたあげく、今度は言葉も通じない学校に通うのです。クラスメイトになるのは、自分と顔立ちも肌の色も髪の色も違う子供たち。やはり無謀だったかな……と初めて私の胸に一抹の不安がよぎりました。

すると、アメリカ人の優しそうな女の先生は不安そうな私を見て、きっぱりと言い放ちました。「大丈夫です。マミーがいると泣くから早く帰ってください」。

私は後ろ髪を引かれる思いで学校を後にしましたが、先生のその言葉どおり、息子はすぐに新しい環境に慣れていきました。日々、学校から帰ってくると息子の英語力がぐんぐん伸びていくのが目に見えて分かるのです。

「プレイデイト」と呼ばれる、放課後に友達の家で遊ぶ約束をたくさん取り付けました。もちろん我が家にも招待。言葉を学ぶには遊びながらが一番だという思いを強くしました。

子供たちからの「ハイ、ヨーコ！」

息子と同じ学校に通う子供たちのことで印象深かったのは、私に対しての呼びかけです。私が送り迎えのついでに校内の中庭でコーヒーを飲んでいると、息子のクラスメイトが私の顔を覚えて手を振ってくれます。驚いたのは「ハイ、ヨーコ！」とみんな私のファーストネームを大声で呼び、すれ違っていくこと。ここでは、日本人学校と違って誰も私のことを「○○君のママ」「おばさん」とは呼びません。一人の人間として、きちんと名前で呼んでくれるのです。こちらも情が湧き、どんどん名前を覚えていきました。アメリカンスクールに通う子供たちの、「個」を大事にする気質が感じられた出来事のひとつです。

2 インドネシア——インターナショナルスクールと日本人学校

中3から日本人学校へ転入

インドの次の駐在先となったのはインドネシアのジャカルタでした。

息子はここではインターナショナルスクールに小学校5年生から中2まで通いました。

また、息子も私もコーチをつけてテニスに熱中。私は高校時代にテニス部だったこともあり、日本人会のテニス大会で準優勝！　息子も優勝しました。スポーツに打ち込んだことは、息子にとってとても良い経験になったと思います。

小学生からずっとインターナショナルスクールで問題なく学校生活を送っていた息子ですが、中3から日本人学校へ転入することになります。

というのも、夫の仕事の都合で、高校生からは日本へ戻ることが決まっていたのです。

海外の赴任先では、会社から子供の学費への補助金が出ていたのですが、日本へ戻るとそうはいきません。補助なしで日本のインターナショナルスクールへ通わせるのは経済的に負担が大き過ぎるのです。そのため、日本で高校受験をする必要があり、準備として日本人学校転入を選びました。

息子は、日本人学校に通い出してからは漢字の習得に苦労していました。あまり努力を親に見せない子だったので知らなかったのですが、後で聞くと寝る時間を削って勉強していたようです。

塾にも通い、そこの先生から勧められて、帰国子女であっても難関といわれるＩＣＵ（国際基督教大学）の附属高校を受験。内申点も必要だったので、学校生活も真面目に送り、受験勉強だけでなく学校のテストもきちんと点数を取れるように頑張っていました。その甲斐あって無事合格。ＩＣＵ付属高校では寮に入り、二人部屋で和気あいあいと楽しく過ごしていました。

3 カナダ――現地校でののびのび育児

大自然がポジティブな力を与えてくれる

現在18歳の娘は、カナダ生まれのカナダ育ちです。幼稚園、小学校とカナダの現地校に通いました。

カナダは、その広大な自然の美しさで世界的に知られています。子供の情操教育という面においてとても恵まれているのではないでしょうか。

私の娘はシャイで、周りのことを大切に考える優しい子。「これやってみる?」「あそこに行ってみる?」と提案しても、だいたい「やらない」「行かない」と答える子でした。

しかし、彼女が小学5年生の夏休み、私は「サマーキャンプに行ってみない?」と提案。サマーキャンプとは、だいたい数週間にわたり、アウトドア活動（カヌー、カヤック、アーチェリー、水泳、ハイキング、キャンプファイヤーなど）や工作、食事づくりなどを行うプログラムです。

両親ともに働いていると夏休みの間の子供の世話ができないということもあり、預け先として人気なのですが、カナダのサマーキャンプは高額。

しかし、私はたまたまロータリークラブ主催の全額無料1週間のサマーキャンプというチラシを見かけたのです。作文だけで応募できるということもあり、私はぜひとも娘を行かせたいと思いました。

最初は嫌だと言い張っていた娘ですが、クラスの友人も応募するということでしぶしぶ納得。結果、なんとか作文を書かせて応募し、娘も参加できることになりました。

娘は泣きそうになりながら行ったのですが、帰って来ると、なんと「今までの人生で一番楽しかった！」と言うではありませんか。10年近く経った今でもその時の話をするくらいです。大自然の中で一回り大きくなって帰ってきた娘を見て、時には強めにプッシュすることも大事だなと思いました。

ディベートが当たり前の環境

カナダの学校では、プレゼンは小学生の頃から授業で行います。好きな人物や行ってみたい国の写真を貼って、どこが素晴らしいか魅力を語るのです

また、家庭でも家族でディベートするのが当たり前。議題は学校でのことや政治までさまざまです。

そうした環境で生きていくためには、自己主張する力が大切になります。

ある時、先生が、歴史の時間にアジア人蔑視とも取れる偏った意見のもとに授業をしたと娘から聞き、先生に直談判しに行ったことがありました。「さまざまな国籍の子がいるのに良くない」と日本人として話をしたところ、先生は「よく歴史を理解せず話してしまった」とその後の授業できちんと訂正してくれたのです。自分の意見を主張することは国際社会ではもちろん、日本でも必要なスキルです。元来おとなしい娘にはこうしたカナダの環境は良かったのではないかと思います。

4 日本――成績が伸び悩んだ娘に合う学校を求めて

日本語の壁に悩む日々

カナダで生まれた娘は小学校まではカナダで育ちましたが、私の両親が高齢になってきたタイミングで、私とともに帰国。日本の公立中学校に入学しました。

とても良い学校で、親しい友達もできましたが、自由なカナダで育った娘にとって日本の学校にはやはりなじめないところがありました。また、カナダでも日本語教室に通わせていましたが、そこまで日本語が得意ではなかったことが大きな影を落としていたのです。

当然成績も伸び悩みました。今後の高校受験のことも考え、しばらくは近隣の塾に高額な月謝を支払い通わせましたが、成績は全く良くなりません。とても元気で明るい娘がみるみる暗くなっていきました。

私自身も受験を経験していますし、皆つらい思いをしているのは分かりますが、英語を使っていた頃には好成績だった娘が、日本語ができないために成績が悪いのでは自己肯定がどんどん低くなってしまいます。このままではいけないと思った私は、思い切ってインターナショナルスクールへの転入を考えました。

転入先選びに一苦労

私自身、高学歴思考はあまりありませんし、娘に合った学校ならどこでもいいと思っていました。

カナディアンスクールも検討したのですが、その学校でのカリキュラムがノバスコシア州というカナダ最東部（『赤毛のアン』の舞台となった土地）のものだったので、同じカナディアンスクールでも、都会であるブリティッシュコロンビア州のカリキュラムと比べて違い過ぎるのではないかと漠然と不安に思いました（実際数学などはかなり遅れています）。

カナダには10の州があり、それぞれ教育カリキュラムが異なります。娘はまだその時点ではどの国の大学に行きたいのか決まっていなかったので、進路をカナダ最東部に限定して将来の選択肢を小さくすることには抵抗があり、この学校を選べませんでした。

転入先の決め手――ヨーロッパの大学への進学希望

もちろん、転入先を選ぶ時は私だけでなく娘本人にいろいろなところを見学させて選択させました。

その時、娘が進学先として希望していたのが、カナダかヨーロッパ（オランダ）の大学。

そこで、どちらでも対応できる高校をと考えていたところ、出会ったのがケンブリッジカリキュラムのインターナショナルスクールだったのです。

ヨーロッパの大学への進学の可能性、少人数制で面談をしてくれた先生や校長の対応が良いこと、そして学費も年間170～180万円程度と、インターナショナルスクールの中では良心的だったことも決め手の一つとなりました。

ケンブリッジカリキュラムの落とし穴

こうして、晴れてケンブリッジカリキュラムのインターナショナルスクールへの転入が決まりました。しかし、蓋を開けてみると思いがけない落とし穴があったのです。

まず、インターナショナルスクールの先生は（日本も同じかもしれませんが）数年でほかの学校やほかの国に移動してしまいます。

娘がその学校へ入学したいと思うきっかけとなったギリシャ人の先生は理系の先生でありながら、アートや料理、多方面に造詣が深く、楽しい授業でした。知識がありながら人間力もあり、授業も工夫に満ちていました。

しかしその後、自国へ帰ってしまい、後任の先生は若く経験の浅い、バリバリの理系の先生で、教え方も娘と合わず苦労をしました。

後で分かったことですが、娘が習っていたコンピューターサイエンスや物理などは、ケンブリッジカリキュラムだと大学1年生並みのハイレベルだったのです。それを、オーストラリアやカナダの知人から教えてもらうまで知りませんでした。そうこうするうちにタイミング悪く社会学系の先生も産休に入ってしまい、気づけば理系の科目ばかりになっていました。

一口にケンブリッジカリキュラムといっても、学校の規模によって科目は変わることがあるようです。大きい学校なら科目も豊富ですが、娘が通っていたところは小さいため、科目も限られていたのです。私は入学前の時点ではそこまで情報を得ていませんでした。その時に本書のような情報源があればと思います！

娘が通っていた学校では、娘が得意だった英語、社会などは、授業としては履修できましたが、受験科目としては受けられず、理系の3科目を取るしか選択肢がありません。そうした点も、後から分かりました。

娘は社会学や政治など文系の科目が好きなので、その分野を学ぶことができればベストだったと思います。

新しく赴任してきた校長先生も、今後は文系の科目、教師を増やしていくと言っていましたが、娘には間に合いませんでした。当時、娘はポジティブな姿勢で、苦手な科目も挑戦して頑張ろうと意欲的だったことは良い点でしたが、大学レベルということでかなり苦労したようです。しかし、この試練のために頑張って勉強したことは、この後の大学での学びや、生活の知識として役立つことがあるでしょう。

他の国や学校では、演劇、音楽、アートなどのクラスや受験科目があり、娘もそういった広い選択肢の中から選べれば、もっと輝くことができたのではないかと思います。

校長先生はアジアのインターナショナルスクールを歴任した経験豊富な方でした。何度も面談する中で、印象に残ったことがあります。

先生はケンブリッジカリキュラムでたくさんの生徒をヨーロッパやアメリカに送り出してきました。しかし自身の娘さんはカナダの片田舎にある小さい大学に進学して林学を学んでおり、「娘が何を勉強しているか、なんでそれを選んだのかは知りません。娘の選択だから」と言うのです。

子供の自主性を信頼して介入しない姿勢に私は心を打たれました。

また、校長先生の「どこかには入学することはできるし、もし入れなくてもいつでも再チャレンジできます。心配いりません」とおおらかに構える姿がとても新鮮に見え、子供たちも安心できると感じました。

私自身、娘の入学直後はケンブリッジカリキュラムのことをあまり理解できていなかったので、事前にもっと情報がつかめていればと思いますが、そもそもまだ日本で普及していないので仕方がないことかもしれません。こういった面からもケンブリッジカリキュラムの普及を訴えていきたいと思うのです。

高校卒業後の進路

娘はオランダの大学も視野に入れ、実際に大学の見学もしていましたが、受験を終え、最終的にはカナダの大学へ進学することになりました。娘の意思は二転三転していますが、それはそれで悪くないんじゃないかな、とゆったり構えて見守るように心がけています。

今、娘にはカナダの良いところだけしか見えていないかもしれません。今後進学したら、きっと「思っていたのと違う」と感じるところはたくさん出てくるでしょう。

娘と私は別の人間です。彼女の選択を尊重し、彼女らしい人生を歩んでほしいと願っています。

SPECIAL COLUMN 01

インターナショナルスクールで親は英語とどう向き合う？

親の英語力は必須なのか？

子供がインターナショナルスクールに通う場合、「親にも英語力が求められる」と思われている方が多いと思います。

確かに、インターナショナルスクールの教師はほとんどが英語話者なので、英語力はないよりもあったほうが良いです。しかし、必ずしも必要というわけではないと私は感じています。

私は、今では日常生活に支障ないレベルで英語が話せますが、帰国子女でもないですし、学生時代に留学した経験があるわけでもありません。英語は好きで中1からNHKのラジオ講座で勉強したり、その後もTOEICや英検を受けたりはしていましたが、飛躍的に英語力が伸びたのはやはり海外駐在時。生きた英語に触れてからです。

日々の生活や子供の学校で先生や他の国のお母さんたちと話さなければならなかったので、嫌でも英語力は身についていきました。

自分の経験を通して、英語を身につけるために何よりも必要なのは「積極性」と「楽しむ姿勢」だと思っています。

私のようにどんどんその場に飛び込んでいくタイプはインターナショナルスクールの環境を楽しめます。一方で、友人の中には、「英語が話せないから」と親子面談や行事参加をせず、英語のできる父親任せにしている人もいました。

インターナショナルスクールでは「インターナショナルフェア」というイベントがあります。これは、生徒や保護者たちが自国の衣装を着たり、各国の食べ物や文化をブースで紹介したりするイベントです。

海外の場合だと、日本人は浴衣を着て手作りの手巻き寿司やどら焼きなどをつくって販売し、売り上げは学校に寄付します。バザーと呼ばれることもあります。

日本のインターナショナルスクールであれば、例えば外国籍の子供たちが、自国の衣装を着たり、お菓子をつくって持ってきたりします。

たとえ話せなくても、インターナショナルフェアに積極的に参加して、例えばおいしい日本食を用意したり、日本の風景写真を展示したり、いくらでも交流は可能です。

日本の文化を紹介する（着物を着たり、折り紙を教えたり、お茶を振る舞ったりする）はいつも人気のコーナーでした。

英語力よりも積極性がものを言う

そして、最近は英語話者の先生や校長先生でも、ＣｈａｔＧＰＴなどを駆使して保護者に翻訳文を送ってくれることもあります。また、英語・日本語両方得意な先生や、面談は日本語で行ってくれる先生など、さまざまな方法でコミュニケーションを取ってくれます。

先生側は自らの職務の一環として、保護者と距離を近づけたいと考えています。いつでも保護者に対しては受け入れ体制といえるでしょう。

ということは、英語ができなくても、保護者サイドに「先生と仲良くなろう！」という気持ちがあれば、コミュニケーションは取れるのです。

英語が話せないことよりも、「どうせ英語ができないから」とシャットアウトしてしまう弊害のほうが大きいのではないかと感じます。

英語のことばかり気にせず、日本人と話す時と同じように、意思の疎通ができる相手だと思ってフレンドリーに飛び込んでいく！

これがインターナショナルスクールを楽しむ秘訣です。

行く前から少しでも英語に慣れておく

海外駐在が決まった場合、英語の勉強はどうするのか？　これは頭が痛い問題です。

当然、日常会話程度は日本で勉強していくのが良いでしょう。日本人は義務教育で英語の基礎知識があると思うので、あとは実用英会話として、最寄りの英会話教室の短期コースなどに通うのもおすすめです。

英会話教室の中には、駐在者向け、海外旅行向けのコースもあるので、外国人と会話して慣れておくことも良いでしょう。

また、メールの書き方も、ビジネスほどあらたまる必要はありませんが、覚えておきたいことです。学校や先生へのメールの書き方を学習しておけば、実践的、即戦力として役に立ちます。例えば、次のような基本のスタイルなどを知っておけば、先生や学校へのメールも気軽に送れます。

相手の名前が分からない場合は"Dear Sir/Madam"。これは日本語でいうところの「各位」「担当者様」のニュアンスです。最後の"Best regards,"は日本語の「よろしくお願いします」に相当し、他にも"Regards"や"Sincerely"など定型の表現があります。

Dear Sir/Madam 本文

Best regards,
自分の名前

先生と親しくなれば、ファーストネームでメールの宛名を書いて問題ありませんが、はじめは"Mr."あるいは"Ms."をつけてラストネーム、あるいはフルネームで書き出します。女性で未婚者に宛てる場合は"Miss."既婚者は"Mrs."を使いますが、"Ms."はどちらにも使用できます。

私は、先生たちとはファーストネームで呼び合いますが、親しみを込めてのことなので失礼には当たりません。卒業時などは先生ともハグして喜び合います。

このあたりの距離感は、最初は戸惑うかもしれませんが、徐々に慣れていきます。

自己紹介文は事前に用意しておく

インターナショナルスクールの入学式や講堂での講義が英語で行われた場合、その場の雰囲気に圧倒されて理解できないかもしれません。

しかし、大丈夫です。三者面談や個人面談でゆっくりと関係を構築していけばいいのです。個人面談時は、最低でも、自分の自己紹介や質問したいことは事前に文章を書いて準備していきましょう。

決して無言にならず、たとえ間違えたり、言葉に詰まったりしても臆することはありません。

目をしっかり合わせて、「相手とコミュニケーションしたい」という想いをはっきり態度で示すことが大事です。目を伏せたり、黙り込んだりしては、「話したくないのかな」と受け取られてしまいます。

分からない時ははっきりと、「分かりません」とか、「もう一度お願いします」と伝えれば、優しく対応してくれます。

私は、大事なことを面談するときは箇条書きに要点をまとめていったり、家で話す練習をしたりすることもありました。

インターナショナルスクールの先生は海外生活の不便さを知っている

また、日本のインターナショナルスクールの校長先生とカリキュラムについて相談をしたこともあります。理系の科目ばかりで文系が少ないことを話すと、次の年から文系の科目を増やす手続きをしてくれました。

こちらの要望をきちんと聞いて、必要ないものは、はっきりと却下、必要であれば、すぐ前向きに検討してくれる点も彼らの良いところです。

インターナショナルスクールの先生は自身も海外生活を経験し、外国生活の不便さや、言葉の不自由さを理解しているので、英語が得意でない人のことも理解しています。

また、海外生活から来る心理的ストレスなどへの対処もプロフェッショナルとして教育を受けています。子供だけではなく、親へのアプローチも丁寧にしてくれるのです。

しかし、それに甘えて受け身でいてはなかなか距離は近づきません。分からないことやサポートしてほしいことがあったら、はっきりと伝えることが大切です。

重要なのは、英語が分からなくてもコミュニケーションを取る意思を絶やさないこと！

挨拶だけでもいいので、先生や他の生徒や親たちと交流することは大切です。

英語が苦手だった友人は、学校のカフェの売店でのボランティアに毎週参加し、生徒たちや先生が地道に働く彼女の顔を覚えて円滑にコミュニケーションが取れるようになり、人気者になりました。

英語が母国語ではない生徒や親も多いので、発音なども気にせず、明るく挨拶をくりかえせば、英語にも自然と慣れていきます。教育分野で使われる聞き慣れない言葉も何度も繰り返すうちに覚えます。

英語が不得手でも、あなたが保護者であることはれっきとした事実。先生と対等に話す権利も義務もあるのです。

繰り返しになりますが、大切なのは、自信を持って堂々と参加することなのです。

Cambridge
Style

CHAPTER
02

インターナショナルスクールとケンブリッジカリキュラム

インターナショナルスクールってどんな学校？

インターナショナルスクールの条件

インターナショナルスクールという言葉に馴染みはあっても、どういうシステムなのか分からないという人も多いのではないでしょうか。

この章では、私なりにインターナショナルスクールやカリキュラムについて調べたことをまとめています。

インターナショナルスクールとは、主に外国籍の児童や、帰国子女、または国際的な教育を望む家庭の子供たちを対象とした学校です。

日本では、特に法令上の規定はなく、「主に英語により授業が行われ、外国人児童生徒を対象とする教育施設」という位置づけになります。【参考：文部科学省（以下文科省）

HP】

インターナショナルスクールの多くは、学校教育法第一条に規定する「一条校」(文科省管轄の一般的な学校)とは別の存在で、学習指導要領に則った教育を行う義務はありません。学校法人として認可されている学校であっても、学校教育法第134条に規定する「各種学校」という扱いになっており、無認可校も少なくないようです(「各種学校」とは、自動車教習所や予備校、専門学校などと同じ分類であることを意味しています)。

文科省管轄の学校の中にインターナショナルのクラスが設けられていることもありますが、その場合は日本のカリキュラムに則って教育を行わなければならないなどの制約もあります。

現在は、日本にいながらグローバルな視野を養えるということで、日本国籍の子供をインターナショナルスクールに通わせたい保護者のニーズが高まっています。日常的に英語での授業を受けて英語力を高められる他、異文化への理解や多様性の尊重など、国際社会で活躍できる人材育成を行っている点も魅力です。

生徒や教職員も多国籍で、さまざまな文化的背景を持つ人と触れ合う機会も多く、多様性への理解も深まりやすいでしょう。共通語として英語を使用することが多いですが、他の言語を学べる学校もあります。

また、入学にあたっては、一定の英語力や学業成績、入学試験、面接などが求められることが多いようです。学校によって入学条件や手続きはさまざまなため、希望する学校の情報はきちんと調べて詳細を確認する必要があります。

やっぱり学費は高いのか？

「子供をインターに通わせている」というと、芸能人などセレブのイメージもあり、一般の学校と比べて高額な学費がかかると思われています。実際、海外在住時のインターナショナルスクールの学費は高額で、会社の補助などがない場合、負担が大きすぎます。

学年にもよりますが、年間約３００～４００万円ほどかかります。ジャカルタ在住時に知り合った日本人ママは自身が国連関係に勤めていて、学費は全額負担してくれるので心配ないと話していました。

この方のように、日本企業やNGOが学費を負担してくれると、海外転勤を断ったり、単身赴任で家族がばらばらにならなくて済みます。

日本のインターナショナルスクールも、学費は年間300〜400万円、全寮制の学校の場合は授業料と寮費などを含めて年間700〜800万円かかってしまいます。

海外で生まれた子供や、外国籍の子供は学費が日本人より優遇される場合もあります。また、娘が現在通っている高校からは、非常に高額なハロウ安比校（Chapter3で取材しています）へ、奨学生として学費は無料で入学することができたと聞きました。こういった場合もあるので、高額だからという理由だけで諦める必要はありません。

実は日本の公立の小学校も子供ひとりあたり年間300万円から400万円かかっているのですが、国からの補助があるので、実質学費はかからない仕組みになっています。ですので、もし文科省認定のインターナショナルスクールにもっと補助金を出すことができれば、学費は下がっていくかもしれないと思います。

今、日本では公立中学校や公立高校離れがおき、小学校受験、中学校受験が過熱してしまっているのは、残念な流れだなと感じています。

子供たちが本来さまざまなことを吸収する時期に勉強漬けになり、親子とも疲弊しています。私立校のほうが、英語教育や留学制度などが充実していることも、受験戦争が過熱している一因です。

私は、海外のインターナショナルに子供たちが通っていて、日本の受験戦争に巻き込まれなくて良かったと当時から思っていました。

日本がグローバル教育や、世界的リーダーを育成したいなら、もっとたくさんのインターナショナルスクールを一条校として認定したり（補助を充実させて学費を安くする）、公立の小学校や中学校にケンブリッジカリキュラムを普及させ、もっと安価にケンブリッジカリキュラムに触れる機会を増やしていくべきと思います。

卒業後の進学事情

学費もシステムも日本の一般的な学校とは異なるインターナショナルスクールですが、卒業後に取得できる資格や、国内外の大学への進学はどうなっているでしょうか。大きく

4つに分類して見ていきましょう。

①「外国の高等学校相当」と指定された外国人学校

国内外にあるインターナショナルスクールで、文部科学大臣の指定を受けた特定の学校（一条校と呼ばれます）では、高校課程を修了した生徒に、「当該外国の高等学校の課程に相当する」ことを認定、国内外の大学入学資格が認められています。また、日本の高卒資格が必要な就職や公務員試験の受験も可能になります。

②国際的な認定団体による認定校

これまで、①のように文科省で認定された以外のインターナショナルスクールでは、高校課程の卒業資格がないため、生徒たちの進学先の主流は、海外の大学でした。

しかし、近年は日本でも教育の国際化が進められ、学校教育法施行規則の改正により、国際的な認定団体（WASC・CIS・ACSIなど）から認定を受けた国内・海外のインターナショナルスクールであれば、卒業した時点で日本の大学の受験資格を得られるようになっています。その結果、海外の大学以外にも、英語で授業が行われる日本の大学、一般的な日本の大学など、進路の選択肢が広がっています。

インターナショナルスクールは、先に述べた複数の団体から認定を受けている場合が多いようです。

◆**WASC**（The Western Association of Schools and Colleges）認定校は、アメリカ系インターナショナルスクールです。アメリカの学校認定の組織のため、その認定校を卒業すると、アメリカをはじめ世界の主要な大学での入学資格として認められます。

◆**CIS**（Council of International Schools）認定校とは、国際的な学校認定組織である「インターナショナルスクール評議会」に加盟している学校や大学のことです。CISはイギリスに本部があり、740以上の加盟学校と610の大学を包括する国際的な教育認定機関。

◆**ACSI**（Association of Christian Schools International）認定校は、1978年に

設立された、世界最大のキリスト教系教育認定団体に認められたものです。ACSIの本社は、コロラド州・コロラドスプリングスにあり、100カ国以上、2万3000以上の学校が認定を受けています。

③ 試験によって、個人で「大学入学資格」を取得

インターナショナルスクールのカリキュラムで学び、個人で海外の大学入学資格を取得するケースもあります。試験に合格すると、(一部を除いて)ほとんどが希望の大学に直接入学する資格を得られます。

中でも、特に世界中で認知度が高いのが、国際バカロレア(International Baccalaureate＝通称IB)資格と、世界で最も普及しているケンブリッジAレベルの資格です。

両者とも国際的な評価が高く、IBやケンブリッジAレベルの資格取得者に対して優遇措置を設けている大学も少なくないため、世界中の名門大学への進学を目指す学生に選ばれています。

どちらも資格取得のための試験は非常に難易度が高いとされていますが、近年増えてき

ているケンブリッジカリキュラムを取り入れている学校にて履修すれば、それほど難しい試験ではありません。オンラインで独学で学ぶことも可能ですが、ケンブリッジインターの先生からは、その方法は少し難しいので、カリキュラムに沿って先生と学んだほうが良いという意見でした。

その他、ドイツの現地校で学びアビトゥア（ドイツにおける中等教育修了試験であり、大学進学のための資格を得るための重要な試験。ドイツの教育システムの中で最も高いレベルの中等教育資格とされており、英語圏のAレベルやフランスのバカロレアに相当）に合格した生徒や、フランスの現地校でバカロレアを取得した生徒が、日本の大学に志願することも可能です。

④ 高卒資格の認定試験に合格する

①～③に該当せず、日本の高等学校の卒業資格がない場合は、「高等学校卒業程度認定試験」（以前は大検と呼ばれた大学検定試験）を受験して合格しないと、国内外の大学には進学できません。

近年は、日本にあるインターナショナルスクールの多くが、②の国際的な認定団体からの認定を受けているため、スクールに通う生徒が高卒資格取得のための試験を受けることは少なくなってきているのかもしれません。

一言でインターナショナルスクールと言っても、カリキュラムや卒業認定資格に違いがあるため、グローバルな進路や大学進学についてのイメージをしっかりと固めて、情報収集をする必要があります。

国際バカロレア――質の高い教育と多文化理解

国際バカロレアのミッション

国際バカロレア（以下、ＩＢ）は、スイス・ジュネーブに本部がある「ＩＢ機構」によって提供される教育プログラムです。文科省が推奨していることもあり、日本のインターナショナルスクールでも多く採用されています。

ＩＢは、次のように宣言しています。

【国際バカロレアは、多様な文化の理解と尊重の精神を通じて、「より良い」「より平和な世界を築くことに貢献する」「探究心」「知識」「思いやり」に富んだ若者の育成を目的としています。この目的のため、国際バカロレアは、学校や政府、国際機関と協力しながら、チャレンジに満ちた国際教育プログラムと厳格な評価の仕組みの開発に取り組んでいます。】

【国際バカロレアのプログラムは、世界各地で学ぶ児童生徒に、人が持つ違いを違いとして理解し、自分と異なる考えの人々にもそれぞれの正しさがあり得ると認めることのできる人として、積極的に、そして共感する心をもって生涯にわたって学び続けるよう働きかけています。】

ＩＢとは、このような使命をもとに、生徒の個人の成長を促し、自己管理能力を身につけさせ、よりよい社会を作る人材育成を行うことを目指す国際的なカリキュラムです。

そして、国際的に通用する大学入学資格（ＩＢ資格）を与えて大学進学へのルートを確保することもまた、ＩＢの重要な目的と言えます。

現在、認定校に対する共通カリキュラムの作成や、世界共通の試験、国際資格の授与などを実施しているＩＢは、６つの教科グループと３つのコア科目で構成されています。

２年間にわたり、この高度なプログラムを修了すると「ＩＢ資格」を取得でき、世界中のさまざまな名門大学での入学資格を認められます。また、大学受験に有利になるだけでなく、入学後の単位免除や在学期間の短縮、奨学金をもらえるなどのメリットもあります。

世界中での採用状況

ＩＢカリキュラムは、世界中で広く認知され、多くの国や学校で採用されています。ＩＢは１９６８年に国際的な教育プログラムとしてスイスで設立されて以来、現在では１５９の国と地域で約５千６００校がこのカリキュラムを採用しています。

ＩＢは幼児期から大学入学準備までの４つのプログラム（ＰＹＰ、ＭＹＰ、ＤＰ、ＣＰ）を提供し、各プログラムが生徒の学年と学習段階に応じたカリキュラムを構成しており、多くのインターナショナルスクールは、幼児期から高等教育まで一貫した教育を提供するためにＩＢを採用しています。

特に、ＩＢカリキュラムの中でも16〜19歳向けのＤＰ（ディプロマプログラム）は、「ＩＢ資格」（以下、ＩＢＤＰ）として大学入学において多くの国で認知されています。ＩＢＤＰを取得している＝「クリティカル・シンキング能力・多文化理解に優れている」と見なされ、これが世界中の多くの大学から指示される要因となっているのです。

アメリカのアイビーリーグやイギリスのオックスフォード大学、ケンブリッジ大学などは、IBDPの高得点取得者を優先的に受け入れることがあります。

また、IBカリキュラムは多様な文化背景を持つ生徒たちに適しているため、国際的な都市や多国籍企業の多い地域で特に人気があります。多国籍企業の駐在員や外交官は、子供たちに国際標準の高い教育を望んでいるため、需要が高いのです。

さらに、公立学校でも採用されるケースがあります。特に、アメリカやカナダ、オーストラリアなどの国々では、公立学校がIBカリキュラムを導入することで、地元の生徒にも国際水準の教育を提供しようとする動きが見られます。これにより、IBはインターナショナルスクールだけでなく、地域の教育システム全体にも影響を与えるようになっています。

国際バカロレアの教育哲学――「10の学習者像」とは

IBの教育哲学のキーワードは「全人教育」です。これは、学問による知識的な成長だけでなく、自己管理能力、感情面、倫理観の成長、多文化理解、社会的貢献の意識、健康のための取り組み、生涯にわたる学習の姿勢を育むことなどを含む、まさに読んで字のごとく、「人間的成長の全て」に取り組む教育方針です。

「ＩＢの学習者像」は、「ＩＢの使命」に対し、ＩＢ認定校が価値を置く人間性を、以下10の人物像として表しています。

- 探究する人
- 知識のある人
- 考える人
- コミュニケーションができる人
- 信念をもつ人
- 心を開く人
- 思いやりのある人
- 挑戦する人
- バランスのとれた人
- 振り返りができる人

3段階の教育課程とキャリア教育

IBの各教育段階（PYP、MYP、DP）は、それぞれの年齢層に応じた特徴があり、共通して全人教育、主体的に疑問を持ち、答えを探究する学習、多文化理解を重視しています。

◆PYP（Primary Years Programme：初等教育／3～12歳）

PYPは3歳から12歳までの子供を対象にしています。生徒は、自らの興味や関心に基づいて学ぶことが重視されています。

◆MYP（Middle Years Programme：中等教育／11～16歳）

MYPは11歳から16歳までの生徒を対象にしており、言語と文学、言語習得、個人と社会、科学、数学、芸術、体育、デザインの8つの教科グループに分かれています。

◆**DP**（Diploma Programme：高等教育／16〜19歳）

ＤＰは16歳から19歳までの生徒を対象にしており、大学入学準備を主な目的とするプログラムです。

６つの教科グループと３つのコア科目で構成されたカリキュラムを2年間履修し、最終試験に合格すると、ＩＢＤＰを取得。世界中の大学への入学資格を得ることができます。核となるのはＥＥ（Extended Essay＝課題論文）、ＴＯＫ（Theory of Knowledge＝知の理論）、ＣＡＳ（Creativity, Activity, Service＝創造性・活動・奉仕）の３つ。

また、16〜19歳向けには、卒業後に就職を目指す生徒のための、キャリア関連プログラム（Careers Programmes＝ＣＰ）も用意されています。

ＩＢで学ぶ主要科目

ＩＢの主要科目には、①言語と文学（母国語）、②言語習得（外国語）、③数学、④理科、⑤社会（人文科学）、⑥芸術の６つがあります。

「言語と文学」以外はすべて英語での授業が基本となります。

各科目について少し紹介しましょう。

①言語と文学（母国語）

母国語で文学作品の分析や文章を書くことを通じて、クリティカル・シンキング能力とコミュニケーション能力を養います。日本人の場合は日本語を学ぶ授業ということです。

読解力、分析力、表現力を強化することで、グローバルなコミュニケーション能力を向上させる目的もあります。

②言語習得（外国語）

「言語と文学」に対して、こちらは第二、第三言語としての習得を目指す生徒たちのための科目です。言語や文化の習得を通じて国際的な視野を持ち、グローバルなコミュニケーション能力を養います。

③ 数学

数学のカリキュラムは、生徒のクリティカル・シンキング力と問題解決能力を発展させることに重点を置いています。

PYPでは基礎的な算数の概念を学び、MYPとDPでは、より高度な数学的理論や応用を学びます。また、DPでは、標準レベルと高等レベルのコースを選択することも可能。数学の授業は、生徒が抽象的な概念を理解し、実生活の問題に対する数学的アプローチを習得することを目指しています。

④ 理科

理科のカリキュラムには、生物学、化学、物理学、デザインテクノロジー、環境システムと社会などが含まれます。

実験と理論の両方を重視し、生徒が科学的な探究方法とクリティカル・シンキング能力を習得するよう設計されており、知識を深めると同時に、実験を通じて探究心を育むことを目指しています。

また、環境問題やエネルギー問題など、現代社会が直面する課題についての理解を深め、科学的な視点から問題解決に取り組む能力を養います。

⑤ 社会（人文科学）

社会科には、歴史、地理、経済、哲学、心理学、国際政治などが含まれます。これらの科目は、生徒が過去と現在の社会、文化、経済、政治の構造や動向を理解することを目的としています。

社会科の授業は、生徒が歴史的な出来事を分析し、地理的な知識を通じて世界の多様性を理解する力を養います。また、経済学や哲学を通じてクリティカル・シンキングと倫理的判断力を育て、心理学においては、人間の行動と心の働きを科学的に理解することを目指しています。

⑥ 芸術

音楽、美術、演劇、ダンスなどの芸術科目も重要な役割を果たしています。生徒の創造性を引き出し、自己表現の方法を学ぶ機会となるほか、芸術の歴史や理論を学ぶことで、文化的な理解と美的感覚を深めることができます。

勉強だけが評価対象ではない「内部評価」と「外部評価」

ＩＢのカリキュラムでは、内部評価（学校内での評価）と外部評価（ＩＢ機構による評価）をバランス良く組み合わせています。内部評価は、教師が生徒の日々の学習活動やプロジェクト、プレゼンテーション、実験などをもとに行います。

一方、外部評価は、標準化された試験や評価基準に基づいて行われます。特にＤＰでは、最終試験が外部評価の主要な部分を占めており、これが最終成績に大きく影響します。外部評価は、公平性と信頼性を確保するために重要な役割を果たしているといえます。

超難関！ IB試験の形式と評価基準

国内外の大学への入学資格であるIBDPを取得するための最終試験は、生徒の多面的な能力を総合的に評価するために設計されています。

DPの2年間のカリキュラムを経て、最終試験を合格することで、IBDPを取得できます。この資格を取得するためには、認定校でのカリキュラムを全て履修し、外部評価・内部評価から45点満点中、原則として24点以上のスコアが必要ですが、合格はかなりの難関と言われています。

ディプロマカリキュラムの履修だけでも、英語で6科目を勉強する必要があります。さらに、思考力を養う内容のため、高い英語力がなければ日々の課題をこなすことでさえも時間がかかり、2年間ずっと努力し続ける必要があるのです。

ちなみに、うちの子供たちはIBを学んだことはありません。息子がジャカルタで通っていたインターナショナルスクールにもIBのコースがありましたが、選択制で、同級生や先輩の親御さんからかなりハードであると聞いていました。

卒業後の選択肢

ＩＢカリキュラムを修了した生徒は、国際的な視野と高い学問的スキルを持つＩＢ卒業生として、さまざまな進路を選ぶことができます。

選択肢には次のようなものがあります。

・大学進学

生徒の多くは、大学進学を選択します。ＩＢＤＰは世界中の多くの大学で高く評価されている入学資格であり、特にアメリカ、カナダ、イギリス、オーストラリアなどの大学では、ＩＢ卒業生に対して特別な入学枠や奨学金を提供する場合があります。

日本国内でも、ＩＢＤＰがあれば、国際基督教大学、上智大学、早稲田大学、国公立では筑波大学、横浜市立大学などで受験資格として利用することができます（受験可能な学部や試験方式はさまざまですので、公式サイトなどを参照ください）。

・キャリアと就職

学問的な成果だけでなく、クリティカル・シンキング能力、問題解決能力、コミュニケーションスキルなど、職業に必要なスキルを身につけることができるため、即戦力として就職することも選択肢の一つです。国際機関やＮＧＯ、多国籍企業への就職、または起業を考えている卒業生にも有利です。

・高度専門教育

ＩＢプログラム修了後に、専門性の高い教育を受けるという選択肢もあります。アート、デザイン、音楽、スポーツなど、特定の分野での専門学校への進学などが挙げられます。

ＩＢの幅広いカリキュラムと国際的な視点により、卒業生は多方面で成功を収める準備が整っていると言えますね。

アメリカンスクールで採用される「アメリカ式カリキュラム」

コモン・コアをベースとしたカリキュラム

インターナショナルスクールのカリキュラムとして、IB、ケンブリッジ、のほかによく知られているものとしては、アメリカ式カリキュラムが挙げられます。アメリカのコモン・コア（Common Core＝各州共通基礎スタンダード）をもとに設計された、このカリキュラムについて、ここでくわしく見ていきましょう。

アメリカのコモン・コアとは、幼稚園から高校3年生までの「英語教育と数学の全米統一の学力基準」で、日本の文科省による学習指導要領のようなものです。

多くのアメリカ式インターナショナルスクールが、コモン・コアをもとに各校独自のカリキュラムを作成し、WASC（Western Association of Schools and Colleges）やNEASC

(New England Association of Schools and Colleges) といった国際的な教育団体の認定を受けています。特徴としては次のようなものが挙げられます。

- 自主性・積極性を重視
- グループワーク・ディスカッションが多い
- リーダーシップ教育に力を入れている
- 大学進学の場合、個別にSATなどの大学適正学力テストを受ける必要がある

知識の習得だけでなく、クリティカル・シンキング能力、問題解決能力、グローバルな視点、コミュニケーションスキルの習得、そして大学進学および社会人としての準備をするカリキュラムです。

生徒は幅広い科目を選択することができ、自分の興味や将来のキャリアに合わせて学習プランを立てることができます。これが、多様なバックグラウンドを持つ学生に適している理由の一つです。

多くのアメリカ式のインターナショナルスクールでは、AP（Advanced Placement）コースを提供しており、学生は大学レベルの授業を受け、大学の単位を先取りすることができます。

また、プロジェクト単位の学習やディスカッションを通じて、学生のクリティカル・シンキング能力と問題解決能力を養います。こうした日々の学習で単なる知識の習得にとどまらず、実社会での応用力を身につけることを目指しています。

アメリカ以外で増加しているアメリカ式カリキュラムの採用状況

アメリカ式カリキュラムは、アメリカ全土のみならず、世界中で広がりを見せています。これは、アメリカ式カリキュラムの柔軟性と多様な教育プログラムが、グローバルな教育ニーズに対応できるためです。

国際的な教育認定団体ＷＡＳＣでは、主にアメリカ式カリキュラムを採用しているインターナショナルスクールが認定を取得していますが、ＷＡＳＣに認定された学校は世界

5千500校以上、そのうちインターナショナルスクールは約600校です。

また、北米以外にもヨーロッパ、アジア、中東、アフリカ、ラテンアメリカなど、さまざまな地域のインターナショナルスクールで採用されています。幼稚園から高校まで幅広い教育機関で導入されており、IBと並び、大学進学を目指す学生にとって人気の高い選択肢となっています。カリキュラム採用の理由としては、

- 国際的に認知されている教育基準に基づいていて、異なる国籍や文化的背景を持つ学生が、一貫した質の高い教育を受けられること
- アメリカの大学だけでなく、イギリスやその他の国々の大学進学にも対応できるカリキュラムとして評価されていること
- 多文化理解やグローバルな視点を重視していること

などが挙げられます。

小中高3段階の目標とAPプログラム

アメリカでの義務教育はキンダー（幼稚園年長）から高校卒業時（12年生）までです。Elementary School（初等教育）、Middle School（中等教育）、High School（高等教育）の各段階での目標について、それぞれご紹介します。

• Elementary School（幼稚園から5年生）

基礎的な学力と社会的スキルの形成を重視します。読み書きや計算といった基礎的な学力を身につけさせること、他者との協力やコミュニケーション能力、基本的な倫理観を育成すること、学習への興味を引き出し、自主的な学びの姿勢を養います。

• Middle School（中学校／6年生から8年生）

各科目の基礎を固め、高校での学習に備えること、問題解決能力やクリティカル・シンキングを養い、複雑な課題に対処できる力を育成すること、クリティカル・シンキング能力や責任感、リーダーシップを育成することを目指します。

• High School（高校／9年生から12年生）

高校過程では、大学進学やキャリア準備に重点を置いています。英語、数学、科学、社会科の学習などで、より高度な内容が取り入れられます。

学校によって、大学レベルの内容を学ぶＡＰ（アドバンスド・プレイスメント）コースという、一定の基準を満たした学生のみ受け入れる高度なカリキュラムもあり、履修するためには高い学力が必要。大学の課程を先取りして学びたいというニーズに応えるために作られた高度な教育プログラムとして、世界的に認知されています。

また、ＡＰコースには多くの選択科目があり、学習への意欲が高い高校生を対象としています。ＡＰの試験は、アメリカの学期末である5月頃に開催されます。大学受験前に良い結果が出れば出願書類でスコアを提出できるほか、大学入学後の単位認定を目的として大学合格後の5月にＡＰを受験する生徒もいます。

アメリカ式カリキュラムの教育哲学

インターナショナルスクールにおけるアメリカ式カリキュラムは、小中高では英語、数学、科学、社会を中心に構成され、主に中学や高校では、追加で選択科目を選ぶことができます（科目は学校ごとに異なります）。

■英語

英語は中心的な科目であり、小学校低学年では、読み書きの基礎を学び、段階的に読解力、文章構成、語彙力を強化します。中学校および高校では、文学作品の分析、創造的なライティング、リサーチスキルが重視されます。また、プレゼンテーションやディベートを通じて、効果的なコミュニケーション能力を育てます。

■数学

数学教育は、数理的な思考力を育むことを目的としています。小学校では基本的な算数の概念（加減乗除、分数、比例など）を学び、中学校では代数や幾何学、高校では微積分や統計学といった高度な数学を学習します。高校の上級クラス（AP）では、微積分の基本的な概念とその応用が含まれます。

■理科

理科の分野では、自然界の理解と科学的な探究心を育むことを目指しています。小学校では身近な自然現象を観察し、中学校では生物学、物理学、化学の基礎を学びます。実験を通じて科学的な方法論を実践し、データの収集と分析を行います。高校では、より専門的な科目（生物学Ⅱ、物理学Ⅱ、化学Ⅱ、環境科学など）を選択することができます。

■社会

社会科は、歴史、地理、政治、経済を含む広範な分野をカバーします。小学校では地域社会や基本的な地理知識を学び、中学校では世界史や地理、現代社会の問題を学びます。高校では、アメリカ史、世界史、経済学、政治学といった専門的な科目を選択できます。

アメリカ式カリキュラムの形式と評価基準――SAT、ACTとは？

アメリカ式カリキュラムは、学生の多様な学習スタイルに対応する柔軟な教育形式を採用しています。コモン・コアをベースに、基本的な学年ごとの英語、数学の学習内容はある程度決まっていますが、教え方や英語・数学以外の科目では好きなようにカリキュラムを設定できる場合が多いようです。

アメリカ式インターナショナルスクールでは、成績は主にGPAで表されます。これは「Grade Point Average」の略で、海外の高校・大学などで広く使用されている成績評価の指標のこと。成績評価の基準（優・良・可・不可など）を数値化したものです。

一般的に、成績証明書に記載されている各履修科目の成績を数値として換算し、1単位あたりの平均点を出す成績評価方式（または成績の評価点）で、「高校のGPA」とは、高校3年間の全科目の成績平均値を表すものとなります。

アメリカの成績評価法は、主にA、B、C、DとF（不合格）の5段階評価で行われ、それぞれの評価ごとに、4～0の評価点（Grade Point）が与えられます。日本の学校では、まだGPAという考え方に馴染みがないのが現状ですが、海外の大学受験（とくに難関大の場合）では高校のGPAが非常に重要になってきます。

アメリカ式カリキュラムでは、ケンブリッジカリキュラムのように「カリキュラムを修了した証明としての証明書・ディプロマ取得」のシステムはなく、大学進学をしたい生徒は「大学適性テスト」としてSATやACTという試験を受けます。この適性テストの結果や論文などをもとに、各大学が入学可否を決定します。

SAT（Scholastic Assessment Test）は、主に英語力と数学的思考力に関するテストです。

ACT（American College Testing Program）は、SATほど有名ではないものの、SATのスコアを受け入れるほとんどの学校で、SATの成績の代わりに提出することが可能です。

これらのテストは、学力を全国または国際基準で評価するために用いられ、大学入試や進路指導の重要な指標となります。

修了後の選択肢

アメリカ式カリキュラムの修了後、学生には多様な進路の選択肢があります。国際的な教育基準を満たし、幅広い知識とスキルを学生に提供しているため、卒業生は多岐にわたる進学やキャリアの機会を追求できます。

●国内外の大学進学

アメリカ式カリキュラムを修了した学生は、特にアメリカの大学進学に有利と言えます。アメリカの大学ではSATやACTのスコアを重視していて、これらの高いスコアがあれば、アメリカのトップ大学への進学を目指すことができます。

また、アメリカ式カリキュラムは国際的にも認知されているため、カナダ、イギリス、オーストラリア、ヨーロッパ各国の大学でも多くの卒業生を受け入れています。

アメリカの大学への出願では、APスコアの提出義務はありませんが、ほとんどの大学の願書にAPスコアを任意で記入することができます。スコアが高ければ高評価となり、また、AP科目はそもそも難易度が高いため、履修していること自体がプラスの評価となり、入学審査で有利になります。

・**奨学金の獲得**

優れた学業成績や課外活動における功績に基づいて、卒業生は奨学金を獲得することが可能です。多くの大学は、学業優秀者やリーダーシップを発揮した学生に対して奨学金を提供しています。

・**専門教育・職業訓練**

インターナショナルスクールの卒業生は、専門学校やコミュニティカレッジでの職業訓練プログラムに進学することも可能です。

これらのプログラムは、特定の職業スキルを習得するために設計されており、医療、技術、ビジネス、芸術などの分野でキャリアをスタートさせるための基礎を築くことができます。

・就職

アメリカ式カリキュラムは、クリティカル・シンキング能力、問題解決能力、コミュニケーション能力を重視しているため、これらのスキルは企業や組織において高く評価されます。

・インターンシップや職業体験

多くの学生は、大学進学前に「ギャップ・イヤー（gap year）」と呼ばれる猶予期間を取り、インターンシップや職業体験を通じて実務経験を積むことを選びます。これにより、実社会でのスキルを磨き、将来のキャリア選択に役立てることができます。

・海外留学＆交換留学

アメリカ式カリキュラムの修了後、海外の大学での留学や交換留学に進む学生も少なくありません。海外で生活をすることで、より異文化理解やグローバルな視野を広げ、国際的な人脈を築くことにも繋がるでしょう。

・国際機関やＮＧＯでの活動

一部の卒業生は、国際連合や国際赤十字などの国際機関やＮＧＯでの活動を通じて、国際社会に貢献する道を選びます。

インターナショナルスクールで培った語学力や異文化理解は、こうした組織での活動において大いに役立ちます。

「ケンブリッジカリキュラム――国際的な視野と柔軟性、質の高い教育環境」

世界から支持されるケンブリッジ式のカリキュラムの目的とは

ケンブリッジカリキュラム（Cambridge International Curriculum）は、国際的に認知されている教育プログラムであり、世界中のインターナショナルスクールで採用されています。日本においては、まだ認知度が高いとは言えないケンブリッジ式ですが、近年はこのカリキュラムを採用するスクールが増えており、多くの学生や保護者に注目されるようになってきています。

まず、ケンブリッジカリキュラムの最大の目的は、「グローバルな視点を持つ人材の育成」です。世界中の多様な文化、言語、歴史を学ばせることにより、異なる背景を持つ人々とのコミュニケーション能力や協調性を高めることを目指しています。国際的な視野を持つことは将来のキャリアにおいて大きなアドバンテージとなります。

そして、国際標準に基づいた高い教育水準を維持しつつ、学生個々の興味や能力に応じた柔軟な学びの提供も目的の一つです。

学問的な厳格さと柔軟性を兼ね備えているところが特徴的。基礎から応用まで段階的に学べるように設計されており、学生は自分のペースで進むことができます。

いわゆる「受験のためのお勉強」だけでなく、演劇や音楽など多様な科目にも同等に力を入れており、科学、人文、芸術など幅広い分野での学習が可能です。つまり、生徒は大学受験のためにガリガリ勉強する必要はなく、自らの興味を追求し、専門性を深めることができるのです。

教育の現場では、学生が自ら考え、問題解決に取り組む姿勢が重視されます。教員が一方的に知識を伝えるのではなく、学生が主体的に学び、ディスカッションやプロジェクトを通じて深く考える機会が多く与えられます。

これによって、学生は単なる知識の習得にとどまらず、それを応用し、新たなアイディアを生み出す力を養うことができるのです。

アジア、ヨーロッパ、中東でも大人気――ケンブリッジカリキュラムの採用状況

ケンブリッジカリキュラムは、世界中の多くの学校で採用されており、現在、160以上の国と地域で、1万校以上（Cambridge Assessment International Education公式HP参照）。その数は年々増加しています。

まず、ケンブリッジカリキュラムの広がりの背景には、そのグローバルな認知度と信頼性が大きく影響しています。

ケンブリッジ大学国際試験機構（Cambridge Assessment International Education）によるこのカリキュラムは、質の高い教育プログラムとして世界中で広く認知されているため、多くの国の教育機関が自国の教育システムと並行して導入し、国際的に通用する教育を目指しています。

特に、アジア、ヨーロッパ、中東、アフリカ、南アメリカなど、さまざまな地域での採用が進んでいます。

アジアでは、インドやパキスタン、中国、シンガポール、マレーシアなどでの採用が目立っているようです。

ヨーロッパでは、イギリスを中心に多くのインターナショナルスクールがケンブリッジカリキュラムを採用しており、EU諸国でもその人気が高まっています。

中東やアフリカにおいても、ケンブリッジカリキュラムの採用が急速に進んでいます。

これらの地域では、質の高い教育を求める家庭が増えており、ケンブリッジカリキュラムが提供する国際的な教育基準は非常に注目されています。特に、中東のドバイやアブダビ、アフリカのナイジェリアやケニアなどの都市では、ケンブリッジカリキュラムを採用する学校が増加しています。

さらに、南アメリカでも、ブラジルやアルゼンチンなどでケンブリッジカリキュラムが採用され、教育の質向上につながっています。これらの地域では、英語力の強化や国際的な大学への進学を目指す学生にとって、ケンブリッジカリキュラムが有力な選択肢となっているようです。

このようにワールドワイドに採用が進む背景には、そのカリキュラムの柔軟性と多様性も大きく影響していると言えます。

ケンブリッジカリキュラムは、各国の教育ニーズや文化に応じて柔軟に適応できるよう設計されており、さまざまな国や地域の教育システムに合わせたカスタマイズが認められています。

また、幅広い選択科目や、基礎から応用までの多段階の学習が可能な点も、多くの教育機関に支持される理由でしょう。

さらに、ケンブリッジカリキュラムの評価方法の透明性と公平性も、国際的な採用が進む要因の一つです。

ケンブリッジの試験や評価は、厳格な基準に基づいて実施され、その結果は世界中で信頼されています。それゆえ、学生は国際的に認知された資格を取得でき、大学進学や就職において有利になります。

グローバルな視点を持つ次世代のリーダーを育成するための重要な教育プログラムとしてその地位を確立しており、日本でも注目が高まっているのは当然のことといえるでしょう。

日本におけるケンブリッジ熱の高まり

現在、日本の学校の卒業資格を持つ一条校兼ケンブリッジ国際認定校の一覧です。
(2024年8月現在)

■東京都

上野学園中学校・高等学校(台東区)
工学院大学付属中学校、高等学校(八王子市)
サレジアン国際学園中学校、高等学校(北区)
昭和女子大学付属昭和小学校(世田谷区)

■広島県

神石インターナショナルスクール　一条校全寮制小学校

また、ケンブリッジ国際認定校は下記になります。（以下15校と上記一条校5校）

アスコット・インターナショナルスクール・ジャパン
ブリティッシュ・スクール・イン・東京
キャメロット・インターナショナルスクール・ジャパン
エヴェレスト・インターナショナルスクール・ジャパン
グローバル・インディアン・インターナショナルスクール・東京
ハロウインターナショナルスクール安比ジャパン
コハナ・インターナショナルスクール
ローラス・インターナショナルスクール・オブ・サイエンス
ムサシ・インターナショナルスクール東京
ラグビースクール・ジャパン
サンモール・インターナショナルスクール
TIKインターナショナルスクール麻布校

東京ベイインターナショナルスクール
UIAインターナショナルスクール・オブ・東京
横須賀バイリンガルスクール小学校

また、この数年、ネットニュースなどでもケンブリッジカリキュラムの学校が増えているといった記事を見かけることが増えました。以下、この1、2年でケンブリッジカリキュラムを採用、あるいは創設された学校の開校年と概要をまとめました。

2022年　ハロウ安比校（岩手県安比市）
450年以上の伝統を持つイギリス・ハロウスクールの日本校。安比高原の恵まれた自然の中に広大な敷地を有する、アジア唯一の全寮制ハロウインターナショナルスクール。
（Chapter 3にて取材しています）

2023年　ラグビースクールジャパン（千葉県柏市）

ラグビーフットボール発祥の学校であり、映画『ハリー・ポッター』の撮影現場にもなった１５６７年創立のイギリス名門校・ラグビースクール（ラグビーは地名）の日本校。千葉大学柏の葉キャンパスの敷地内にあり、通学・寮住まいのどちらか選択可能。

２０２４年　昭和女子大学付属小学校（東京都世田谷区）

日本の小学校（一条校）では初めてのケンブリッジ国際認定校。小学校は共学。中学、高校、大学は女子のみ。

２０２４年　上野学園中学校（東京都台東区）

１９０４年創立の伝統校で、高校の音楽科が有名。２０２４年に国際コースが開設され、ケンブリッジ国際認定校となる。

グローバル化が進む今の社会では、日本でも国際的な視野と競争力を持つ人材の育成が求められています。

日本での英語教育必須の状況からも、ケンブリッジカリキュラムは今後公立校でも導入されていくのではないかと思っています。

19世紀半ばから続く歴史

次に、由緒あるケンブリッジカリキュラムの歴史を見ていきましょう。

イギリスを代表する名門・ケンブリッジ大学は、800年以上の歴史を持つ英国の伝統的な学術機関であり、その教育哲学は長い間にわたり進化してきました。

カリキュラムの起源は、ケンブリッジ大学試験委員会（University of Cambridge Local Examinations Syndicate, UCLES)によって19世紀半ばに設立された試験制度です。この制度は、当初は英国国内の学校向けに設計されていましたが、後に国際的な需要に応じて拡大していきました。

20世紀初頭には、ケンブリッジの試験制度がイギリス帝国の植民地や保護領に広がり、これによってケンブリッジカリキュラムの国際的な展開が始まりました。この過程で、U

CLES（ケンブリッジ・アセスメント）は各国の教育ニーズに応じたカスタマイズを行い、グローバルな教育標準を確立するための基盤を築きました。

その後、教育のグローバル化に伴い、急速に発展。

1988年に設立されたケンブリッジ国際中等教育修了証（Cambridge International General Certificate of Secondary Education＝IGCSE）は、14歳から16歳の学生を対象にした国際的に認められる資格であり、今では世界中の多くの学校で採用されています。

続いて、ケンブリッジ国際Aレベル（Cambridge International A Level）という国際資格が作られ、これらによって、大学進学を目指す学生に対して高度な資格を提供するプログラムが整いました。

Aレベルは、特にイギリス国内や歴史的に関係の深い国において広く認知されており、多くの大学が入学要件として採用しています。

近年、ケンブリッジカリキュラムはデジタル技術の進展とともに進化を続けています。オンライン学習リソースの拡充や、デジタル試験の導入などが行われており、学生はより柔軟に学習を進めることが可能となっています。

さらに、SDGsに対応する教育プログラムの導入や、21世紀のスキル（クリティカルシンキング、問題解決、コミュニケーションスキルなど）の強化も図られています。これらによって、ケンブリッジカリキュラムは、未来のリーダーを育成する教育プログラムとしての役割をさらに強めているのですね。

5歳から19歳までを対象にした4段階のカリキュラム

ケンブリッジカリキュラムは、次の4つのプログラムで段階的に構成されています。

• 初等教育（Cambridge Primary：5歳〜11歳）

初等教育（以下、プライマリー）の段階では、基礎的な知識の取得が重視されます。カリキュラムは、英語、数学、科学を中心に構成されており、学問的基盤を築くことを目指しています。また、芸術や体育などの科目もあり、バランスの取れた人間形成と成長を促します。

・中等教育（Cambridge Lower Secondary：11歳〜14歳）

中等教育（以下、ローワーセカンダリー）では、より専門的な学習内容に進みます。ケンブリッジチェックポイント（Cambridge Checkpoint）というテストを通じて、学生の理解度を評価し、次の学習ステージへの準備を整えます。

・上級中等教育（Cambridge Upper Secondary：14歳〜16歳）

上級中等教育（以下、アッパーセカンダリー）では、より高度で専門的な学習に進みます。ケンブリッジ・ローワーセカンダリーのスキルと知識を基礎とし、ケンブリッジＩＧＣＳＥ（International General Certificate of Secondary Education）の資格取得を目指すコースがよく知られています。

ＩＧＣＳＥは、世界で最も人気のある国際資格と言われ、イギリスの義務教育修了資格（ＧＣＳＥ）の国際版に相当するものです。

大学進学を目指す場合、通常ＩＧＣＳＥ取得後はＡレベルかＩＢのどちらかの資格を取得する場合が多いのですが、ＩＧＣＳＥの資格を持っているだけで受験資格を得られる大学も少なくないため、進学に有利な資格と言えます。

IGCSEのカリキュラムは包括的な国際教育に重点を置いていて、70の科目と30の言語から各校が任意に組み合わせて提供することができます。

・**高等教育(Cambridge Advanced：16〜18歳)**

大学進学や専門教育の基盤を築くための高度な学習プログラムです。ケンブリッジ国際AレベルおよびASレベルの資格取得がよく知られており、毎年、多くの生徒がこの資格を取得し、世界中の有力大学に入学を認められています。英語が第一言語でない学習者にとっても理想的なプログラムと言われています。

ケンブリッジカリキュラムの教育哲学

ケンブリッジカリキュラムは、一貫した教育哲学に基づいて構築されており、一人一人の多様なニーズに応じた教育を提供することに重点を置いています。

全人教育などＩＢと重複するところも多く、以下、５つの基本的な教育理念に基づいています。

①全人教育（Holistic Education）

ケンブリッジカリキュラムもまた、ＩＢ同様に、学問の面だけでなく、学生の人格形成や社会的スキルといった総合的な人間力を伸ばすことを重視。単なる知識の伝達ではなく、一人一人の個性を尊重し、心身ともにバランスの取れた人間を育てることを目指しています。

②探究学習（Inquiry-based Learning）

ケンブリッジカリキュラムは、学生が自ら疑問を持ち、主体的に学びを進めることを奨励しています。探究学習では、教師は学生に答えを教えるのではなく、質問を投げかけ、自ら調査し、発見する過程をサポートします。これにより、学生は問題解決能力やクリティカル・シンキング能力を養うことができます。

③ 国際的な視野(Global Perspective)

ケンブリッジカリキュラムは、多文化共生の社会に対応できる人材を育てることを目的としています。これには、異なる文化や価値観を理解し、尊重する姿勢が含まれます。学生がグローバルな視点を持つことで、将来の多様な職業や環境に適応できる力を育成します。

④ 個性に合わせた学び(Personalized Learning)

生徒は一人一人異なる興味や才能を持っているため、一律の教育方法ではなく、各学生のニーズに応じた教育を行うことを徹底しています。ゆえに、生徒は自分のペースで学習を進め、自分の強みを最大限に引き出すことができます。また、選択科目の幅広さや、各科目の深い専門性も、自分の興味を追求することに一役買っています。

⑤ 評価と自省(Assessment and Reflection)

ケンブリッジカリキュラムは、学生の学びの成果を正確に評価するための厳格な評価基準を持っています。また、生徒自らが学びの姿勢について自分で評価をすることが求められます。私の娘も、自分の学習について評価をし、教師と親の前でそれをプレゼンするということを行っていました。自分の進捗を客観的に把握し、自省するということはより成長を促すことに繋がります。

これらの哲学に基づき、ケンブリッジカリキュラムはそれぞれの学生の潜在能力を引き出し、将来のグローバルな社会で活躍できる人材育成を目指しています。

ケンブリッジカリキュラムの主要教科　IGCSEやAレベルまで対応！

ケンブリッジカリキュラムが扱う科目は、なんと70以上（30種類の言語を含む）。中主要科目である英語、数学、理科、社会はどのように学んでいるのでしょうか。具体的な学習内容をここで見てみましょう。

■英語・文学、言語

英語はケンブリッジカリキュラムの基盤となる科目です。

プライマリーでは、基本的な読解力や語彙力、文章作成力を養います。ローワーセカンダリーに進むと、文学作品の分析や複雑な文章の作成が求められ、クリティカル・シンキング能力が育成されます。アッパーセカンダリーでは、さらに高度な文学や言語学の知識を深め、ケンブリッジIGCSEやAレベルの試験に対応した内容を学びます。

■数学

数学は、クリティカル・シンキングと問題解決能力を培うための重要な科目です。プライマリーの段階では、基本的な算数、数の概念、四則演算を学びます。ローワーセカンダリーでは、代数、幾何、統計、確率などの応用的な内容に取り組みます。アッパーセカンダリーでは、微積分や高等代数、複雑な統計解析など、より専門的な内容が含まれ、IGCSEやAレベルの試験に向けた準備が行われます。

■理科

理科は、自然現象の理解を深めるための重要な科目です。プライマリーでは、基本的な科学概念や実験を通じて、自然への興味と探究心を育てます。ローワーセカンダリーでは、生物、化学、物理の各分野にわたり、より深い理解を目指します。アッパーセカンダリーでは、専門的な科学知識を習得し、実験や研究を通じて科学的な探究能力を高めます。

■社会

社会科目は、歴史、地理、公民、経済などを含み、学生の社会理解を深めるための科目です。プライマリーでは、基本的な地理や歴史の概念を学びます。ローワーセカンダリーでは、世界の歴史、地理的な知識、政治や経済の基本的な概念を学び、グローバルな視野を養います。アッパーセカンダリーでは、現代史や国際政治、経済学の基礎を学び、IGCSEやAレベルの試験に対応した高度な内容に取り組みます。

■その他の科目

芸術、体育、情報技術（ICT）、言語（フランス語、スペイン語など30以上から選択可能）、デザインとテクノロジー、コンピューターサイエンスなどの科目もあります。これらは、生徒の創造力や身体能力、技術的スキルを育てるために重要なものです。

生徒一人一人の興味や才能を最大限に引き出し、バランスの取れた人間形成のための教育を目指しています。学問的・職業的な成功だけでなく、公私ともに充実した人生を送れるような成長を視野に入れているといえるでしょう。

内部からと外部からの評価で教育水準を上げる

ケンブリッジカリキュラムの評価方法は、「内部評価」と「外部評価」の2つに分類できます。これらの評価方法は、生徒の学習成果を多角的に捉え、公平かつ信頼性の高い評価を行うことを目的としています。

■内部評価(Internal Assessment)

内部評価は、日常の授業や学習活動を通じて教員が行う評価方法です。この評価は、定期的なテスト、プロジェクト、課題提出、口頭発表、実験レポートなど、さまざまな形式で実施されます。

内部評価の目的は、学生の理解度や進捗状況を継続的に把握し、必要に応じて指導方法や学習内容を調整することです。

■外部評価(External Assessment)

外部評価は、ケンブリッジ大学国際試験機構によって実施される試験です。代表的なものに、ケンブリッジIGCSE、ケンブリッジインターナショナルAS＆Aレベルの試験があります。これらの試験は、世界中で一律に実施され、厳格な基準で採点されます。

外部評価により、各学校の教育の質を比較することができ、教育水準の向上にもつながります。

外部評価の課題としては、試験に依存するため、試験当日の学生の状態に左右されることがあります。

また、試験対策に偏りがちな学習スタイルを招く可能性もあります。

ケンブリッジカリキュラムでは、内部評価と外部評価の両方をバランスよく活用することが推奨されています。

内部評価では日々の学習を通じて学生の進捗が継続的に把握でき、外部評価では最終的な学習成果を客観的に測ることができます。

これらの評価方法を組み合わせることで、ケンブリッジカリキュラムは生徒の総合的な成長を支え、質の高い教育を可能にしています。

ケンブリッジカリキュラムの試験の形式と評価基準

ケンブリッジカリキュラムの試験は、その高い信頼性と国際的な認知度から、多くの学校で採用されています。ここでは、試験の形式と評価基準についてご紹介します。

・筆記試験

筆記試験は、主に知識の確認や論述力、問題解決能力を評価するために行われます。問題は短答式、記述式、エッセイ形式などがあり、各教科の特性に応じて構成されます。

例えば、数学の試験では計算問題や論証問題が出題され、英語の試験では読解問題やエッセイなどが出題されます。

・実技試験

科学科目（物理、化学、生物）では、実験や実技試験が重視されます。学生は実験を行い、その結果をレポートとして提出することが求められます。実技試験では、実験の計画、実施、結果の分析などを通じて、学生の実践的な能力を評価します。

・口頭試験

言語科目（英語以外の第二言語）や特定の科目（例えば、芸術や音楽）では、口頭試験が行われます。学生は教師や試験官とのインタビューやプレゼンテーションを通じて評価されます。

口頭試験では、学生のコミュニケーション能力やプレゼンテーションスキルが評価されます。

・**プロジェクト・コースワーク**

一部の科目では、長期的なプロジェクトやコースワークが評価の一環として行われます。学生は特定のテーマについて研究し、成果をレポートやプレゼンテーションとしてまとめます。

これらでは、クリティカル・シンキング能力や研究能力、創造力が評価されます。ケンブリッジカリキュラムの評価基準は厳格で、国際的に一貫した水準を保っています。評価基準には以下のような要素があります。

・**客観性**

試験の採点は統一された基準に従って行われ、主観的な判断を排除するために複数の採点者による評価が行われることもあります。

各科目には詳細な評価基準（マークスキーム）が設定されており、採点者はこれに従って公平に評価します。

・**信頼性**

試験問題は、専門家によって慎重に作成され、定期的にレビューおよび改訂されます。これによって、試験の内容が最新の教育水準と一致し、学生の実力を正確に測定できるようになっています。

また、ケンブリッジ大学国際試験機構は、試験の実施プロセス全体において厳格な管理を行い、信頼性の高い評価を保証します。

・**公平性**

試験は全世界で一斉に行われ、全ての学生に対して同じ条件が適用されます。これにより、どの国や地域の学生も同じ基準で評価されることが保証されます。

試験結果は標準化され、異なる地域間での比較が可能です。

・**多様性**

ケンブリッジカリキュラムの試験は、学生の多様な能力を評価することを目的としています。知識だけでなく、思考力、創造力、実践力など、幅広いスキルを評価します。例えば、科学の実技試験では実験計画能力やデータ分析力が評価され、言語の口頭試験ではコミュニケーション能力が重視されます。

ケンブリッジカリキュラムの試験と評価については、多様な形式と厳格な基準があり、学生の総合的な能力を公正かつ信頼性が高い方法で評価します。

これにより、学生は国際的に認知された資格を取得し、将来の学問的・職業的成功への道を開くことができるのです。

修了後の進路

ケンブリッジカリキュラムを修了した学生には、多様な進路が開かれており、大学進学、専門職への道、グローバルなキャリア形成など、多岐にわたります。以下で、ケンブリッジカリキュラム修了後の主な選択肢についてご紹介します。

・国内外の大学への進学

ケンブリッジカリキュラムは、国際的に認知された資格であり、多くの国の大学で高く評価されています。

特に、ケンブリッジＩＧＣＳＥやケンブリッジインターナショナルＡＳ＆Ａレベルは、大学入学資格として広く認められています。

ケンブリッジカリキュラムの卒業生は、イギリス、アメリカ、カナダ、オーストラリア、シンガポールなど、世界中の名門大学に進学することが可能です。

これらの大学は、ＩＧＣＳＥやＡＳ＆Ａレベルといった資格を、学業成績や入学審査の一部として受け入れています。

また、優秀な成績を収めた学生には、各国の大学や民間団体から奨学金が提供されることがあります。

ケンブリッジの資格は、学業の優秀さを証明するものであり、奨学金申請においても有利に働くのです。

・専門知識を生かした就職

ケンブリッジカリキュラムには、ビジネス、情報技術（IT）、デザインとテクノロジーなど、職業に直結する科目が多く含まれています。これらの科目を修了することで、特定の分野での就職が可能となります。職業教育機関や専門学校に進学し、さらに専門知識やスキルを深めることも一つの選択肢です。

ケンブリッジの資格は、国際的な企業や組織でも高く評価されており、卒業生は即戦力としてさまざまな職場で活躍することができます。特に多言語能力や異文化理解に優れた人材として、グローバルなビジネス環境での需要が高まっています。

・グローバルなキャリア形成や起業など

ケンブリッジカリキュラムの教育は、グローバルな視野と多文化理解を促進します。これにより、卒業生は国際的なキャリアを築くための強力な基盤を持つことができます。

国際連合（UN）や国際非政府組織（NGO）などの国際機関で働くことを目指す卒業生にとって、ケンブリッジの資格は非常に有利です。これらの組織は、国際的な経験や多文化理解を持つ人材を求めています。

　また、グローバル企業は、国際的な視点を持ち、多言語に堪能な人材を必要としています。ケンブリッジカリキュラムを修了した学生は、こうした企業でのキャリア形成に適しています。

　さらに、ケンブリッジカリキュラムは、創造力と問題解決能力を重視したものです。これにより、卒業生は新しいビジネスを立ち上げたり、イノベーションを追求したりする能力を身につけることができます。

　ケンブリッジの卒業生は、自身のビジネスを立ち上げるためのスキルと知識を持っています。特に、テクノロジーやデザイン分野でのスタートアップにおいて、その能力を発揮することができます。

　日本の大学では、ケンブリッジカリキュラムを修了した学生には、多様な選択肢が開かれています。大学進学、専門職への道、国際的なキャリア形成、起業とイノベーションなど、各自の興味や目標に応じて幅広い進路が選べます。これによって、学生は自身の才能を最大限に発揮し、グローバルな社会で活躍することが可能です。

ケンブリッジカリキュラムとＩＢの違い

ケンブリッジカリキュラムの学校を検討している方の中には、似たところの多いＩＢと悩まれている方がいらっしゃるかと思います。

私としては、バカロレアよりもケンブリッジに魅力を感じた理由は、やはりその自由度、柔軟性です。「自分が何に興味があるのか？」を追求しやすく、個性を伸ばしてくれると感じます。

ＩＢでは、ディプロマプログラムにおいて6つの主要な科目群（言語と文学、言語習得、個人と社会、科学、数学、芸術）から各1科目ずつ選択する必要があります。これに加えて、ＥＥ（Extended Essay＝課題論文）、ＴＯＫ（Theory of Knowledge＝知の理論）、ＣＡＳ（Creativity, Activity, Service＝創造性・活動・奉仕）という3つの大きな課題も必須となります。

そのため、生徒は広範な分野での知識を習得することが求められますが、選択の自由度は限られます。

一方、ケンブリッジカリキュラムでは、特にＩＧＣＳＥおよびＡレベルにおいて、選択の自由度が高く設定されています。ＩＧＣＳＥでは生徒は多くの科目から自由に選択でき、特定の必修科目が設定されていないため、自分の興味や将来の目標に合わせたカリキュラムを構築することが可能です。Ａレベルに進むと、生徒は通常３～４科目を選択し、より専門的な知識とスキルを深めることができます。この柔軟性により、生徒は自分の得意分野や興味のある分野に集中することができるのです。

個性を伸ばすことの重要性

娘の場合は英語や社会が得意で、エッセイなどもよくほめられました。

純粋な子供たちは、教師の指導によって未来が変わります。英語の先生は色々な本を娘に紹介してくれて、本をあまり読まなかった娘ですが、本好きになりました。物語や想像力もほめてくれて、良いところを伸ばしてくれたと感じています。良い先生との出会いは大切です。物理はあまり好きではなかったのに、先生の授業が面白かったため、引き込まれていきました。

ただ、苦手なコンピューターサイエンスが必須だったため、苦戦しました。理系の科目が多く、アートや音楽のクラスがなかったため、選択肢が少なかったのです。

しかし、この点は後に改善され、来年度からは文系の科目が増えるようになりました。というのも、面談で訴えたことを校長先生が考慮してくれて改善してくれたのです。こういうふうに、保護者の意見をすぐに取り入れてくれるところがインターナショナルスクールならではと思いました。

校長先生は、いくら親がクレームを入れても、その内容に納得が行かなければ、はっきりと「それは学校ではなく、家庭で教えることです」などと拒否の姿勢をきちんとＰＴＡミーティングで発表し、また、改善の余地があると理解すれば、すぐに教科を増やしたり、先生を入れ替えたりといった対応を取ってくれます。

授業は基本的にいつでも見学可能ですし（事前の連絡は必要）先生や校長先生も三者面談はありますが、いつでも面談やメールに対応してくれます。

その一方で、勤務時間中は１００％対応してくれますが、夏休みや学校の休みは旅行に行ってしまい、連絡はとれません。プライベートとの線引きもはっきりしているのです。

進路は子供自身に選ばせるもの

そして、先生たちの意見で何より参考になったのは、「高校生になったら進路は自分で選ばせる」というものでした。私もどちらかというと放任主義でしたが、やはり受験時期は先生とたくさんやりとりしました。

しかし、校長先生は「他の国ではこんなに教師や親が生徒の進路に介入しない」とはっきり言います。もちろん成績証明書や書類の提出、エッセイの書き方などの手厚いサポートはありますが、基本姿勢として、生徒本人の意見を尊重するのです。

校長先生からは、「自分のレベルにあった進学先は必ずあるから、焦らなくていい、日本の親は介入しすぎです」と注意もされました。「カレッジ（学科数が少なく、大学院がない大学）からユニバーシティ（総合大学）に編入することは簡単だし、ギャップイヤー、インターンなどもある。本人が決めることです」と強く言われたのです。

これは本当に私にとって大きな学びでした。親があれこれレールを敷いてしまったら、自分で考える子供が育ちません。確かに自分の時代のことを振り返っても、親はあまり私の進学について口を挟みませんでした。自分の興味を追求するというのは、本当は成長期にこそやるべきことだと私は考えています。

しかし、成績を上げることや受験勉強に追われてしまうとそれどころではなくなってしまいますよね。そういった意味でも、ぜひケンブリッジカリキュラムを推したいと思います。

ケンブリッジカリキュラムの日本での広がり

近年、日本の教育界において国際的なカリキュラムへの注目が高まっています。その中でも特に、ケンブリッジカリキュラムの導入が急速に進んでいるということを、ＦＣＣＪ（外国特派員協会）で行われたイベントの取材を通じて強く感じました。

まず、注目すべきは、ここ数年で相次いで開校している国際的な教育機関の存在です。

２０２１年には東京・千代田区に５～11歳を対象とした英国式カリキュラムのフェニッ

クスインターナショナルスクールが開校。翌2022年にはハロウインターナショナルスクール安比校、さらに2023年にはフェニックスインターナショナルスクールの姉妹校・ケンブリッジカリキュラムのラグビースクールが開校しました。

この背景には、グローバル化の進展に伴う社会構造の変化があります。以前に比べ、海外駐在や国際的な往来が容易になったことで、「帰国子女」の増加や、国際的な教育を求める家庭が増えているのではないでしょうか。このような家庭にとって、帰国後も継続して国際的な教育を受けられる環境は非常に重要です。そのため、日本国内におけるインターナショナルスクールへのニーズが高まっているのです。

さらに、日本の教育政策においても、英語教育の強化が重要課題として位置づけられています。グローバル社会で活躍できる人材の育成が急務となる中、ケンブリッジカリキュラムは、その国際的な認知度と質の高さから、非常に魅力的な選択肢としてこれからますます注目されるでしょう。

ケンブリッジ大学が開発した「ケンブリッジ英語検定」

日本にいながらにして海外の大学を目指すとなると、帰国子女であることや留学経験が必須というイメージがあるかもしれません。

しかし、英語力さえあれば門戸は開かれます。英語力の証明となるものにはTOEFL試験や英検、IELTS（アイエルツ）……日本英語検定協会が運営する海外留学時の英語力証明テストなどの試験）が有名ですが、実はケンブリッジ大学の一部門である非営利組織・ケンブリッジ英語検定機構が運営している「ケンブリッジ英語検定」というものもあります。

1913年に設立されたこの試験は、英語を母国語としない人々の英語力を評価するために設計された、世界的に認知されている権威ある英語能力試験です。世界130カ国、2万5千以上の機関が、英語力の証明としているとのこと（ケンブリッジ英語検定公式HPより）。

日本では、2018年に学校法人河合塾がケンブリッジ英語検定機構と共同し、一般財団法人「日本ケンブリッジ英語検定機構」(Cambridge Assessment Japan Foundation)を設立。少しずつ広まりを見せているようです。

ＣＥＦＲ(Common European Framework of Reference for Languages……外国語の学習・教授・評価のためのヨーロッパ言語共通参照枠)にのっとって、初級者から最上級のＣ２レベル／マスターレベルにまで幅広く習熟できる英語教育カリキュラムです。７レベルに分けられ、全レベルにおいて4技能(リスニング・スピーキング・リーディング・ライティング)を測ります。

日本の大学でも入試の際に活用できるところは増えており、海外でも多くの大学の入学要件として認められています(公式ＨＰでは認定機関の検索が可能)。

海外での大学進学を視野に入れている人であれば、検討してみる価値のある試験ではないでしょうか。

日本ケンブリッジ英語検定機構公式ＨＰ　https://www.cambridgeenglish.org/jp/

Cambridge
Style

CHAPTER 03

ケンブリッジ カリキュラムの リアル

ハロウインターナショナルスクール安比校への取材

世界と日本をつなぐ岩手・安比の英国式ボーディングスクール

２０２３年、『ニューヨーク・タイムズ』にて、「２０２３年に行くべき52カ所」として、ロンドンに次ぐ二番手として紹介されたのが岩手県の盛岡市。

その盛岡から電車で約１時間の安比高原駅に２０２２年に開校したのが、世界的に評価の高いイギリスの名門校・ハロウスクールの伝統を受け継ぐハロウインターナショナルスクール安比校ジャパン（以下、ハロウ安比校）です。

ケンブリッジカリキュラムを採用し、対象となる生徒は日本の小学6年生～高校３年生に相当する7年生～13年生です。生徒数は全校で約２５０人。生徒の割合は、日本人が40％、中国人30％、その他の国籍が30％とのこと。

「勇気」「名誉」「謙虚」「友情」を教育の根幹に据え、世界トップクラスの教育を提供しています。

そして、教育レベルとともに、その学費もまたトップクラス。1年間の授業料と寮費は公式HPによると、7年生が930万2千250円、最終学年の13年生で1千100万1750円となっています（2024年8月現在）。

自然豊かなロケーション

ハロウ安比校の最寄りである安比高原駅の前には何もありません。本当に山の奥という感じです。それは裏を返せば、豊かな自然がそのままの土地ということ。

約9万平米の土地面積と、2・4万平米の建物面積という圧巻の広さです。学校からは山も近く、スキー場やゴルフ場までもすぐ行けるという最高のロケーションで、敷地内にはサッカーコート、バスケットコートもあり、スポーツにも力を入れているのがよく分かります。

新しく綺麗な校内は、広さはもちろんのこと、天井が高く、採光窓からさんさんと日が降り注いで明るい印象。校内のあちこちに、生徒の手による個性的なアート作品などが飾られ、科学室や美術室なども本格的な設備を備えています。それぞれ科目ごとの教室で、真剣な表情で授業を聞く子供たちの姿が見られました。

また、校内には立派な舞台を備えた講堂があり、ダンスや音楽、演劇など人前で表現することにも力を入れています。

今回お話を伺った同校のアドミッションマネージャー、ジョージ・ウォッツさんいわく、「身体表現の力を育む＝人に感情を伝える能力に長けていることが、豊かな人生を送ることに繋がるという考え方が根本にある」とのこと。

寮での生活を守る寮長たちのもとで絆をつくる

ハロウ安比校は全寮制。そのため、生徒は必然的に他人との共同生活を送ることになります。寮はハウスと呼ばれ、一人部屋から四人部屋まであります。

ハウスは4つで、男子と女子は別々です。部屋割りは、寮長が生徒の意見を聞きながら決める場合もあれば、生徒の個性をよく理解しているアドミッションマネージャーの方の一存で決めることもあるそう。

現在、国籍もさまざまな人材が、寮長、アシスタント寮長、ハウスペアレンツとして住み込みで勤務しています。

寮長のもとには保護者からの質問やクレームなどさまざまな意見が届くので、コミュニケーション・マネジメント能力の高い人材を選んでいるとのことで、子供を安心して預けられる配慮が行き届いていると感じました。

寮対抗でスポーツや芸術のコンペが行われることもあり、盛り上がるそうです。

日常生活を共にするので、生徒同士の喧嘩ももちろん珍しくはないとのことですが、そうしたトラブルの中で話し合い、協力し合う経験を経て、生徒たちはコミュニケーション能力を養います。そして、かけがえのない青春時代に一生の友人をつくっていくのです。

これは、全寮制だからこそ可能な、素晴らしい教育環境ではないかと感じます。

外国人と日本人の温度差

ハロウ安比校を見学して、外国人から見た日本と日本人から見た日本の温度差を感じました。日本人は当たり前すぎて日本の良さに気づいていませんが、もうすでに日本通の外国人は日本の良さを求めて地方都市に進出しているのです。

この後の項目でインタビューさせていただいた当校の先生は、日本で教えたい、中でも都会ではなく地方であるこの学校で教えたくて応募したと話していました。タイやスイスのインターナショナルスクールでも教えてきたとのことですが、日本のこの岩手をとても気に入っているのです。

一方で、同じ岩手県に住む私の従妹は「なぜこんなところに学校をつくったのか分からない」と言い、地元住民も「自分たちには関係のない学校という印象」と話していました。

しかし、学校は地域住民を招いてのイベントを企画しているし、これからハロウ安比校をきっかけに町が活気づいていくかもしれません。

旅行先に東京でなく盛岡を選んだ外国人も、都会の喧騒を離れてゆっくりと歴史的建造物や街並みを観光する中で、穏やかな人の対応や、時の流れなどを絶賛していました。

イギリスでは田園風景が素晴らしいものとして認識され、そしてリスペクトもされています。一方で、日本の田舎は「古くてダサい」という印象ばかりが強調されているのかもしれないと思うと残念な気持ちになります。

日本人が知らないところで、こういった日本の自然豊かな地方都市への観光、移住が外国人の間では増えていて、今では専用の移住サイトや観光サイトまであるのです。

ハロウ安比校の生徒数を見ても、オープン時は約150人だったのが現在は約250人、そして再来年には400人強にまで拡大する計画であるとのこと。本当はもっと希望生徒数はいるけれども、収容人数や教師のクオリティを保つために制限しているそう。

日本の学校運営において生徒の確保が大きな問題となっているという話はよく見聞きしますが、ハロウ安比校ではニーズは限りなくあることを実感しました。日本人が少子化を嘆いて新しい視点を持たずに過ごしているうちに、外国からのプロジェクトはどんどん動き出しているのです。

ハロウインターナショナルスクール安比校・学科主任インタビュー

生徒の個性を重要視する教育方法

ハロウインターナショナルスクール安比校では、どういったキャリアの人が、どういう考えのもとに教鞭を取っているのでしょうか。

その一端を知るべく、学科主任のエイミー・リバーセッジさんにインタビューをさせていただきました。

Q　自己紹介をお願いします。

スイスのル・ロゼ校、シンガポールのUWC（ユナイテッドワールドカレッジ）で科学を教えてきました。先生になる前はイギリスの大学で海洋生物学や科学を勉強してきました。

Q どういった理由でこの学校を選びましたか？

シンガポールにいる時に日本のインターナショナルスクールが募集しているのを知って、日本は昔から行ってみたいと思っていた場所だし、日本で教えてみたいと思い応募しました。

Q ハロウ安比校で教えてみて、生徒の印象はどうですか？

物事に立ち向かう勇気があり、「ここに来て勉強する」という勇敢さがあります。

Q イギリスでは公立と私立で違いはありますか？

公立も私立も国が定めた教育にのっとって教育しますが、私立はやや前倒しで学習が進む傾向があります。また、私立は選べる科目がより豊富だったり、芸術、音楽、スポーツに力を入れていることが多いです。

Q　国際バカロレアなど他のカリキュラムと比べてケンブリッジカリキュラムの利点は何ですか？

GSE（Global Scale of English）英語の4技能（話す・聞く・読む・書く）のレベルを10〜90までのスコアで表す指標にのっとって生徒を導いていくことができます。これによって英語力をバランス良く伸ばすことができますし、指標がしっかりとしているので、公平な評価ができることが利点です。

Q　多言語の生徒たちのサポートをどのようにしていますか？

アジア人は比較的シャイな傾向があるので、下記の方法で授業を進めます。

①ペアシェアという方法を取り入れています。二人でペアになって、考えたり、意見を出し合ったりします。これによって一人よりも意見を言いやすくなります。

②控えめで自分からあまり手を挙げないので、こちらから指名して答える機会を与えるように心がけています。

③生徒が答えた時に「その通り！」「本当にそうだね」と強い同意で自信をつけるように導きます。

Q 地元の地域コミュニティと学校はどのように関わっていこうと考えていますか？

①近くの老人ホームとの交流、②保育園などへの訪問、③東北にのみ生息する動物などの調査などで、関わっていきたいと考えています。

プロフィール：
エイミー・リバーセッジ　ハロウインターナショナルスクール安比校・学科主任
UWCSEAシンガポール校やスイスのル・ロゼスクールなどの名門校、そして現在のハロウ安比校に至るまで、科学科の主任として17年以上の経験があります。
イギリスのポーツマス大学で、海洋生物学の理学士号と科学の教職課程（PGCE）を取得後、サセックス大学で化学の大学院修了証を取得。さまざまな学校で、オーダーメイド式のカリキュラムの開発や、学校全体のカリキュラム改正を行う。

インタビューを終えて

エイミー先生へのインタビューを通じて、ケンブリッジカリキュラムを日本の教育環境に適用することの意義を強く感じました。

まず、私が注目したのは彼女の国際的な経歴です。スイスやシンガポールでの教育経験を持つ教師が、日本でケンブリッジカリキュラムを実践していることは、このカリキュラムがいかに柔軟で、言語や国民性にとらわれず普遍的であるかを示しているのではないでしょうか。

同時に、彼女が日本の文化や環境に惹かれて来日したという点は、グローバル教育と日本のローカル文化がうまくマッチングする可能性も感じさせます。

そして、多言語環境での教育方法、特にアジアの生徒たちへの配慮は印象的でした。ペアシェアの活用や、教師からの積極的な指名、生徒の意見に対しての肯定的なフィードバックなどの方法は、日本の従来の教育方法を補完し、生徒たちのコミュニケーション能力を効果的に向上させるのではないかと思いました。

「ザンビアのケンブリッジカリキュラムスクールで音楽を教える日本人女性へのインタビュー」

母親業から音楽教師へ

平山千夏さんは、三人のお子さんを持つ母であり、かつてご主人の赴任のためインドネシア・ジャカルタへ来ていました。

私と出会ったのは、娘が1年ほど通っていたジャカルタ・メンテンにある幼稚園です。私が一時期勤務していた日系クリニックへ平山さんが健康診断のために訪れていたこともあり、仲良くなりました。

今ではザンビアのケンブリッジカリキュラムのスクールで音楽教師として教鞭を取る平山さんに、ケンブリッジカリキュラムのリアルをお話ししてもらいました。

Q ケンブリッジカリキュラムの教師になったきっかけは?

子供たちが通うインターナショナルスクールに親として学校の行事やボランティア活動に積極的に参加していたところ、校長先生からこの学校で教えてくれないかと頼まれました。駐在中にザンビアの大学でボランティア講師をしていたことがきっかけです。

Q ルサカインターナショナルスクールの履修科目にはどういったものがありますか?

音楽、アート、ドラマ、フランス語、スペイン語、英語、地理、経済、生物、物理、体育などがあります。

Q　生徒の数や国籍について教えてください。

全生徒数は700名弱で、67カ国から来ています。生徒の半数は現地のザンビア人。ザンビアには外国企業駐在はないので、各国政府関係者や国連関係者が多いです。私が教えている音楽のクラスには6、7名の生徒がいます。

Q　ザンビアにおけるケンブリッジカリキュラムの知名度は？

ザンビアは1964年までイギリス領だったので、インターナショナルスクールにおいてもブリティッシュカリキュラムが多く、アメリカ系の学校はほとんどありません。知名度と信頼度が高いといえます。

Q　ザンビアの子供たちは音楽に秀でている印象がありますが、

成績はどうですか？

音感は良いので、教えたことへの理解と反応は早いと感じます。しかし、音楽が生活に密着している分、楽譜を使用するという習慣がありません。そのため、楽譜を使う教え方にこだわらず、柔軟に教えるように工夫しています。

Q ルサカインターナショナルスクールでのカリキュラムについて教えてください。

ケンブリッジカリキュラムでは16歳以降はAレベルのプログラムがあります。しかし、ルサカインターナショナルスクールではAレベルではなく、国際バカロレアのDP（16～19歳向けプログラム）を採用しています。

ケンブリッジカリキュラムのIGCSE（14～16歳向けプログラム）に、国際バカロレアのプログラムを組み合わせる方針は、インターナショナルスクールでは主流です。

私としては、やはりすべてを国際バカロレアのカリキュラムにするのではなく、ＩＧＣＳＥにＤＰを組み合わせた方法が教育的に優れていると思っています。

Ｑ　ＩＧＣＳＥ＋ＤＰのプログラムはどういった点で優れているのでしょうか？

ＩＧＣＳＥはプログラムがしっかりしていて、基礎をきちんと学ぶことができます。いわゆる机に向かう勉強が得意なアジアや日本人向けだと思います。

国際バカロレアのＰＹＰ（3〜12歳まで対象のプログラム）とＭＹＰ（11〜16歳までを対象にしたプログラム）は、プレゼンテーション能力や思考の柔軟性が重視される分、学習のムラができてしまう印象です。国民性として表現力の高い欧米向きではないかと感じます。

また、ルサカインターナショナルスクールでは、日本の中学1年と2年生にあたる学年にはＩＭＹＣ（International Middle Years Curriculum）という別カリキュラムの音楽も教えています。

Q 日本でケンブリッジカリキュラムが普及したら日本でも教えたいですか？

現時点で、日本で教えることはあまり考えていませんが、ケンブリッジカリキュラムの普及に関しては、日本人（アジア人）にあった素晴らしいプログラムだと感じているので、協力していきたいと思います。

プロフィール：

平山千夏　ルサカインターナショナルスクール 音楽専任教師。

神戸女学院大学卒業、同大学専攻科修了。ロータリー国際親善奨学生としてイタリア、フィレンツェに留学、声楽を学ぶ。

その後、日本、インドネシア、ザンビアの大学で教鞭を取り、ニューヨーク大学にて国際教育学の修士を修める。

国際バカロレアＩＢＤＰ（音楽）の日本語／英語バイリンガル審査官。19歳（ドイツ留学中）の娘、17歳（アメリカのボーディングスクール）の長男と13歳の息子（勤務校に在籍中）の三人の母。

インタビューを終えて

ジャカルタの幼稚園に行かせていたお互いの娘たちが、別々の国で暮らし、その後ケンブリッジカリキュラムの学校に行くことになるとは夢にも思いませんでした。

娘にとって最高の教育を探していてケンブリッジカリキュラムにたどりついたとしたら、偶然ではなく必然だったのではと思ってしまいます。

平山さんの教育熱は温かい思いやりとともに熱く素晴らしく、子供だけに期待するのではなく、自分も常に学び向上していく姿がお子さんたちに良い影響を与えていたのではないかと思います。そしてご自身のお子様を大切に育てるだけでなく、ザンビアの子供たちを教えていくという、広い視野は世界の子供への愛なのだなと尊敬と感動でいっぱいです。

「ケンブリッジカリキュラムのインターナショナルスクール転入のリアル」

インターナショナルスクールを卒業したばかりの18歳

ここでは、先日都内のケンブリッジカリキュラムのインターナショナルスクールを卒業したばかりの私の娘の生の声を載せたいと思います。

似たような境遇のお子さんをお持ちの方、インターナショナルスクールへの転入をお考えの方の参考になれば幸いです。

Chapter 1でも紹介していますが、彼女の経歴は次のようなものです。

現在18歳。カナダ生まれカナダ育ち、中学生になるタイミングで日本へ帰国(カナダでは2、3年の間は週に1回日本語スクールに通学)。

区立中学へ入学するも日本語での勉強に苦労し、高校受験への不安を抱えていたことから、中3の9月にケンブリッジカリキュラムのインターナショナルスクールに転入、IGCSEとAレベルを取得。

Q 日本へ来て大変だったことは？

漢字を覚えることに苦労しました。特に歴史の授業が、教科書の人名などにも振り仮名が振られていなくて読み進めるのが大変だった記憶があります。勉強、受験のことが一番ストレスでした。「良い点数が取れないとどうしよう？」「高校受験がうまくいかなかったらどうしよう？」とそればかり考えていました。

Q 日本に来て良いと感じたところは？

日本の中学のクラスメイトはみんなで協力して同じことをするのが上手だと思いました。

号令に合わせて授業の前に先生に挨拶するのも新鮮でした。

友達はみんな優しく、積極的でした。

「人のために何かしてあげよう」という姿勢が日本のほうが強い印象です。勉強や部活など、何に対しても努力家という印象もあります。

私は、入学して半年間は吹奏楽部でホルンを担当し、その後スポーツをもっとやりたいと思って陸上部に転部しました。どちらの部活でも皆と励まし合い、大変な時も楽しかった思い出があります。

日本の部活では、お礼やお辞儀をしっかりと行うのがとても素敵な習慣だと感じました。そういった日本の礼儀正しい文化はとても美しいと思います。

Q インターナショナルスクールへ転入した理由は

高校卒業後は、ヨーロッパかカナダに行きたいと考えていたため、やはり英語で勉強したいと思ったことが理由です。

ヨーロッパの大学に入学するための資格が取れる学校に行きたいと思いました。

Q　インターナショナルスクールに転入してみての印象は？

カラフルな世界になったと感じました（笑）。制服がなく、皆自由な服装をしているので。生徒の人種も多様で、オーストラリア、ギリシャ、ドイツなどさまざまな国から来ていました。そして一番大きかったのが、英語の授業に変わったので勉強のストレスが減ったことです。

Q　インターナショナルスクールでの一日のスケジュールは？

8時半から朝の学活、8時45分から授業です。

一日7時間授業で、1科目につき45分授業、休み時間は20分、お昼休みは1時間です。

Q 受験勉強はどのように進めたか

先生からもらった問題集を解いたり、自分でYouTubeで検索するなどして、勉強していました。

ケンブリッジカリキュラムのAレベルでは、受験科目は10個以上あります。理系、アート、社会系など、大学によって必要な科目が違うのです。

願書7個出したAレベルは2年間、ASレベルは1年間で取ることができます。ASレベル、Aレベルそれぞれで進学できる大学は難易度が変わります。

日本やアメリカの名門大学といわれるところも、コースをうまく選べば受験することが可能です。

5月に試験があり、8月の最初に点数が発表されます。結果発表の前に予想スコアを教えてもらえるので、その後の進路について考える時間があります。

Q インターナショナルスクールに入って自分が変わったと感じたところは？

クラスメイトの一人が先生とずっと政治の話をしていたため、私も政治について興味を持つようになりました。

彼の影響で、私もそれまで良い印象を持っていなかったトランプさんに対しても一概に悪いと決めつけることはできないという考えに変化しました。

日本の公立中学ではクラスメイトが政治や社会の話をしているのを耳にした記憶はあまりありませんが、私が通っていたインターナショナルスクールでは、社会について知識をつけ、議論を深める文化がありました。人権やＬＧＢＴＱなどについても話をすることが多くありました。

メディアの言うことを鵜呑みにせず、自分で勉強し、考えるという習慣がついたことはとても良かったと思います。

SPECIAL COLUMN 02

ホストファミリーの魅力

EF（イー・エフ・エデュケーション・ファースト）との出会い

我が家がホストファミリーとしてデビューしたのは2023年のこと。スウェーデンの『イー・エフ・エデュケーション・ファースト』（以下、EF）という教育機関からの紹介でした。

1965年創設で老舗の教育機関として信用があり、社名でもある「エデュケーションファースト」＝「教育が何よりも大切」という理念が気に入り登録したのがきっかけです。

日本の人口1億3000万人に比べてスウェーデンは人口が900万人でありながら、こういった優良企業がたくさんあります。

手順としては、まず、担当者が私の家を訪れ留学生に適した住居かどうかを確認します。これは留学生にとっては安心ですね。

そして担当者は24時間ホストファミリーのサポートをしてくれます。幸い私は今まで困ったことはありませんが、何かトラブルがあれば深夜であっても対処してくれます。

紹介される留学生はもちろんIDなど身元はしっかり保証されていて、とても礼儀正しい素晴らしい人たちばかりです。

また、留学生は到着後、1日目のオリエンテーションで日本人へのマナー、エスカレーターの乗り方、公共の場では静かにすることや、ゴミ処理の仕方などを丁寧に教わります。

みんな日本大好きで文化や言語を学ぼうと高い志とリスペクトを持って来日しているので、そういう子たちと交流できるのは楽しいです。

私のファミリーは英語ができますが、ホストファミリーになる条件として、英語が話せることは必須ではありません。むしろ、英語を話せないホストファミリーのほうが、留学生が日本語を使う機会が増え、日本語習得目的の手助けになります。

EFはスウェーデンで始まった企業ですが、スウェーデンのみならず、世界各国に広がりを見せています。

世界中でこうした国際的な視野を育てる教育、留学のニーズがあり、国外に飛び立ちたい子供たちがたくさんいるということと、きめ細やかで安心なコンセプトがマッチしたということがあるのでしょう。

ドイツ――自立心の強いドイツ人の女の子

初めて我が家がホストファミリーとして受け入れたのはドイツからの女の子。モデルのように美しく、ご両親に大切に育てられた優しい子でした。

一人っ子で成績優秀、厳格な私立校に通っていたそうですが、その私立校は自分と合わなかったと話していました。

彼女はとても神経質で几帳面。出かける時は何時間も前から起きて準備していましたし、スーツケースの荷物もきちんと整頓されていました。

ある日のこと。お友達と富士山に向かう朝、なぜか鼻血を出してしまいました。すぐ血は治まり、本人は行くというので、長距離バスのバス停まで送っていきました。

その後、5合目へ到着後、連絡がありました。なんと、「やっぱり帰りたい」と友人を置いて一人で帰ってきたのです。その友人の子は楽しみだった富士山をもっと散策したいと一人で残り、満喫して帰ったそうです。

日本の女の子二人だとなかなかこうはならないのではないでしょうか？　ちょっと険悪なムードになってしまうと思いますが、特にそういうこともなかったようなので、二人とも自立していて自由だなあと感心した記憶があります。

ベルギー――広い視野とポジティブさで悩みを吹き飛ばす

ベルギーから来た女の子は、養子ということでした。

ヨーロッパでは養子縁組への理解が進んでおり、養子家庭が自然に受け入れられているようです。日本でも少しずつ理解は広がっていますが、血の繋がりを重視する傾向が強い日本社会では、血縁関係のない子供を家族として受け入れることへの抵抗感が、まだ根強く残っているように感じます。夫婦別姓についても長く議論されているように、「家族」という概念に対して柔軟さがあまりないのかもしれません。

彼女は、イタリア語、ドイツ語、フランス語、など語学が堪能でした。いつも自分から話しかけてきてくれる、社交的で明るい性格で、会話が楽しいのです。

娘が学校で合わない先生がいて苦労していると話した時も、「どこにでもそういう先生はいるよ。私も、大好きで得意だった科目がいやな先生のせいで成績が落ち込んでしまったことがある。大丈夫、元気出して！」と心から励ましてくれました。

私と娘だけだったら、落ち込んでしまったと思います。それが、まだ10代の彼女の広い視野による言葉で、「先生との相性が悪いくらい大したことではないな」と前向きになれたのですから、本当に驚きです。

私も、それまでに数カ国滞在して広い視野を持っていると自負していましたが、彼女との会話で本当にその時救われました。彼女も本当は苦労もあるのでしょうが、いつも前向きで明るく癒されました。

そんな彼女の苦手なことはお片付け。大雑把な性格で、部屋は物が散乱していました。

ベルギーのお城のようなご実家の写真を見せてくれたのですが、広い素敵なお家の中も、乱雑に物が溢れていました。

さらなる事件は、帰国当日に起きました。帰国の飛行機に乗り遅れてしまったのです。前日にスーツケースのパッキングが終わらず、配車などの手配も整わず、大丈夫かなーと心配して声掛けはしていたのですが、「大丈夫！」と言ってお友達と長電話をしたりしていました。手配していた車が時間通りに来ず、慌てて成田エクスプレスで空港に向かいましたが、どう考えてもフライトに間に合うとは思えませんでした。それでも慌てる様子もなく「大丈夫だから心配しないで」と出発していったのです。

そして、数時間後。

「飛行機に乗れなかった。でも大丈夫、明日に変更できたから！」

と少しも落ち込む様子もなく、明るい声で電話してきたのです。これには本当に驚きました。「うちにもう一泊していいよ」と伝えたら、「ありがとー」と数時間後に帰ってきて仮眠していました。

私は、かつて空港に勤めていましたが、国際線に乗り遅れるケースを目の当たりにしたのは初めてだったので戸惑いもありましたが、何より、乗り遅れたことにまったく動じない彼女の精神力に感嘆しました。

確かに、飛行機に乗り遅れることは別に生死に関わる問題ではないし、これくらいおおらかに構えていたほうが生きやすいかもしれないと思ったものです。

オランダ――娘と親友になったルカ

そして、最近まで我が家にステイしていたのが、オランダからの留学生ルカ。ルカは、物静かなのに芯がしっかりとした優しい子です。

娘と年齢が近く、性格の相性がとても良かったようです。こんなに仲良くなるとは、ホストファミリーになる前は想像していませんでした。

彼女が我が家へ来た頃は、ちょうど、娘も高校から大学へ進学の時期だったので、二人で一緒にリサーチしていました。

学校の教師だけでなく、同学年の留学生とさまざまな進路を探せるのは娘にとって心強かったと思います。

これはルカだけでなく他の留学生にも言えることですが、私や娘が大学に関して色々疑問に思ったり、質問すると、すぐ調べてくれたり、アドバイスしてくれたり、行動力があるのです。

「この試験を受けといたほうが良いよ」とか「この時期までに書類を提出したほうが良いと書いてあるよ」とか、とても現実的で的確なアドバイスをしてくれました。

大学入学に関することだけでなく、ワーキングホリデーやインターンシップについても教えてくれたり、「自分ならこうする」などと意見を述べてくれたのも本当にありがたかったです。

彼女は帰国後、オランダの大学に進学しました。

その年の夏休み、娘はルカに誘われてオランダのユトレヒト近郊にある彼女の実家に遊びに行ったのです。

当初、娘はオランダの大学進学を視野に入れていたので、大学を見学がてら、ルカの家にステイできたことは幸運でした。

ちょうどルカファミリーはアパートメントから一軒家に引っ越すところで、一緒に楽しく引っ越しを手伝ったそうです。

写真を見せてもらうと、アパートメントも家もシンプルで素敵なインテリア。リビングから庭に続く大きな窓、夏はそのままリビングを抜けて庭で食事がとれるよう、繋がっているのです。

一番素敵だったのは、家の周りにキャネル（小さな運河）があり、サップというサーフィンボードに乗って近所を移動すること！　水と緑に囲まれて本当に綺麗なのです。

娘がこういった経験をしてオランダの生活を肌で感じられたことは受検や勉強以外に娘の人生、豊かな人間としての形成に大きな影響を与えたことでしょう。

娘を変えたオランダのライフスタイル

ルカのご両親は二人とも仕事をしていますが、私が気に入ったのは、オランダはワークバランスがとても良いという点です。

ファミリーの生活が仕事のために犠牲になることはありません。どちらかが在宅をしたり、早く帰宅した人が夕食の準備をしたり、休暇も毎年イタリアやドイツに出かけるといいます。

食事も素朴で野菜や肉を焼くだけだったり、おいしいものをシンプルにいただきます。なんと、オランダに行く前は肉類を食べられなかった娘が、帰国後、ラム肉やヤギのチーズの大ファンに。

決してオランダで強制されたわけではなく、ルカのパパが丁寧に焼くお肉や野菜が本当においしかったのでしょう。乳製品もたくさん食べてきました。

そして、ルカファミリーが毎年バカンスで行くイタリアの避暑地へも同行し、ボートから湖にルカと一緒に飛び込んだり、ヨーロッパの夏を満喫してきたのです。

その後、大学に進学したルカから連絡がありました。オランダの大学が教科など自分に合わないので、「ギャップイヤー」として日本にまた来る、そして日本の大学に行きたい！というのです。

私たちは喜びました。母国語で自分の国の大学を選んでも、入学してみたら、自分に合わないと感じるのはどこでも起こり得ること。海外であればなおさら、自分に合う大学を選ぶことは難しいでしょうが、ルカの挑戦を応援したいと思いました。

私は、ルカにこう尋ねたことがあります。協力的な家族、素敵な家、恵まれた環境の大学があるオランダではなく、なぜアジアを選ぶの？　と。ルカはこう答えました。

「日本やアジアの国は私の心に刺激を与えてくれます。魂が震え、高揚感が生まれるのです。自分自身でいられるし、心からリラックスできる。人々や文化、環境すべてが新鮮で、わくわくした気持ちで勉強、生活ができます。オランダにも友人はいるけど、アジアの友人とはすぐに深く仲良くなって、あまり他人に心を開かなかった自分がどんどん変わっていくのを感じました」

実際ルカの周りには人が集まり、周りを笑顔にし、エネルギーを感じるのです。

そんな彼女はシンガポールにあるセントジェームス大学で２０２４年の夏から学業の再スタートを切りました。結局日本の大学には進学しませんでしたが、「回り道をして自分のやりたいことがわかった」と言っていました。自分の意思で行動していれば、人生に無駄などないのですね。

留学生との関わりで世界が広がる

他にも、アメリカやデンマークからの留学生たちとは、カードゲームをやったり、鎌倉へ旅行に行ったり、楽しい想い出がたくさんあります。

デンマークの子は愛国主義者。とても祖国に誇りを持っていました。「小さい国だけど、デンマークには世界規模の優良企業（レゴ、ボーコンセプトに代表される有名北欧家具メーカーなど）がたくさんあるので自国で誇りを持って仕事をすることができる」と自身満々に話してくれました。この姿勢はとても素晴らしいことです。

ホストファミリーとして留学生を受け入れることは、子供だけでなく親である自分の見識や価値観を広げる意味でも、とても貴重な経験です。

ＥＦの社長の言葉に、「海外に出るのに必要なのはお金でも語学力でもなく、ただ一つの勇気」というものがあり、私はこれがとても好きです。海外からはるばる日本へ来る子供たちの勇気は、親である私たちのメンタリティにもとても良い影響を与えてくれるのです。

Cambridge
Style

CHAPTER 04

日本の
教育と未来

「これからの英語教育に必要なもの」

観光客とのコミュニケーションにも英語は必須

日本における英語教育の重要性は、単に海外留学や就職時に有利になるという点だけでなく、現代のグローバル社会においてもさまざまな面でいっそうニーズが高まるのではと思っています。

近年、日本を訪れる外国人旅行者や移住者が急増しており、この傾向は今後も続くと予想される状況下で、英語でコミュニケーションを取る能力は、日本人にとって極めて重要なスキルではないでしょうか？

例えば、道に迷った外国人観光客を適切に案内したり、日本の文化やマナーについて説明したりする際に、英語力は大きな助けとなります。

昨今、「オーバーツーリズム」（観光地化が進んだことによる地域への悪影響）という言葉を耳にすることも増えました。

海外からの旅行客に対して、公共の場でのマナー違反を注意する必要がある場合にも、英語でのコミュニケーション能力があれば、より効果的に対応できるでしょう。こうした日常的な交流を通じて、日本人は自国の文化や習慣を世界に発信する「文化大使」としての役割を果たすことができるのです。

英語力が地方にもたらすメリット

また、英語教育の重要性は、日本の地方活性化という観点からも注目されています。日本の多くの地方都市が過疎化に直面する中、興味深い現象が起きているのです。

それは、日本人よりも外国人が日本の地方都市の魅力にいち早く気づき、移住を選択したり、古民家を改築して日本文化の継承に貢献したりしているということ。

彼らは、日本人が見過ごしがちな地方の自然の豊かさや伝統的な食文化の価値を高く評価しています。

実際に、先だって私が岩手県で取材したハロウ安比校の例では、みそ製造農家が素晴らしい発展を遂げていました。外国人教師たちが、その土地の自然環境や食文化の価値を深く理解し、心から賞賛していたのです。

皮肉なことに、多くの日本人が地方の価値に気づかず都心へ流出する一方で、外国人が地方の繁栄に重要な役割を果たしているのです。

こうした外国人とコミュニケーションを取れる人材がその土地に増えれば、より地域が活性化することは間違いないでしょう。

リアルなコミュニケーションツールとしての英語力

これらの現況を踏まえると、日本人がより英語に親しみ、質の高い英語教育を受けることの重要性は明らかです。

英語力はグローバル社会で活躍するための必須ツールであり、同時に日本の地方創生にも貢献し得るものなのです。

日本の教育システムは、この現実に適応し、より実践的で効果的な英語教育プログラムを提供する必要があるのではないかと思います。

それは、単に受験勉強のために文法や読解力を向上させるだけでなく、実際のコミュニケーション能力を養い、異文化理解を深める教育でなければなりません。

また、英語教育は早期から始めることが効果的だといわれます。大人になってからではなく、子供の頃から英語に触れる機会を増やすことで、言語は習得しやすくなります。同時に、生涯学習の観点から、社会人向けの英語教育プログラムの充実も重要ですね。

英語教育の目的は、単に言語スキルの向上だけではありません。グローバル社会で活躍できる人材の育成であり、日本文化を世界に発信する力を養うことであり、さらには日本の地方創生にも寄与する可能性を秘めています。

日本が今後も国際社会で重要な役割を果たし続けるためには、質の高い英語教育の普及と、それを通じたグローバル人材の育成が不可欠なのです。

2カ国語が喋れるということ

子供の英語教育は早ければ早いほど良いというわけではありません。ある語学教育専門家の講義を聞きに行った際に先生が言っていたのは、まず、日本語をしっかり身につけて、小学校3、4年生から外国語を習い始めるのが理想ということでした。

私は、海外の学校に子供が通っている時は、日本語の補習校へ行かせたり、算盤や習字を習わせたり、日本語の絵本を取り寄せたりもしていました。

海外生活ののち、大人になって、英語だけ、あるいは日本語しか習得できなかった子供たちの親御さんの中には、日本語あるいは英語もできていたら……と後悔している人もいたので、外国語を学びやすい環境にあるのならば、2カ国語を同時に伸ばす意識を親も持っておくと良いですね。なぜなら、外国に住んだからといって何もしなければ2カ国語は身につかないからです。我が家の子供たちは、インターに通いながら、日本語の勉強に苦労しましたが、今となってはやっておいてよかったと言っています。

外国人との触れ合いで日本文化を見直す

日本人が気づいていない日本の魅力

日本に住んでいると、「当たり前」になってしまい、私たちはつい自国の文化の素晴らしさを忘れがちです。

英語を学び、他国で生きる人の視点を取り入れることは、自分の住む国を見直すことにも繋がります。外国人の目を通して日本を見ることで、あらためて日本文化の魅力に気づかされることが多々あるのです。

私自身、先のコラムにも書いたように、留学生をホームステイ先として受け入れたり、岩手県のハロウ安比校を取材したりする中で、そのような経験を数多くしてきました。

ハロウ安比校の近くには、築120年の旧呉服店の建築部材を活用し、安藤忠雄氏が設計、寄贈した『こども本の森 遠野』という図書館や、伝統的な味噌茶屋があります。

これらの施設は、全国各地から訪れる人々でにぎわっています。土地の人に話を聞くと、外国人の方々は、こういった日本の伝統的な建築や文化に深い関心を示し、その価値を高く評価しているとのこと。

海を超えて外から来た彼らの視界には、私たち日本人が見過ごしがちな日本の良さがしっかりと捉えられているのですね。

海外の人から見た日本の魅力は、何も浅草や京都といったメジャーな観光地だけにあるわけではありません。日本全国のいたるところに、歴史ある神社やお寺が点在し、各地方には独自の文化や伝統が息づいています。

例えば、祭りや伝統工芸、郷土料理など、地域ごとに特色ある文化遺産があることは皆さんご存知でしょう。

日本人にとっては当たり前すぎて気づきにくいものですが、外国人の目には新鮮で魅力的に映ることが多いのです。

自国の魅力を英語で伝えるメリット

このような日本の素晴らしい文化を英語で説明できるようになると、どういったメリットがあるのでしょうか？

一つは、外国人に日本文化の魅力を伝えられること。もう一つは、説明する過程で日本人自身が自国の文化の素晴らしさに気づき、愛国心が芽生えることです。

私自身も、先日、うちの近くにある深大寺という古いお寺の歴史を外国人から教えてもらうという経験をしました。我が家にホームステイに来ていた留学生を案内する時に、私は国宝の仏像を前に説明できなかったのです。こんな身近に国宝の仏像があるのに知らなかったことを反省しました。これが、日本の美しい歴史、文化を再認識するきっかけになりました。

お陰さまで、今では深大寺の釈迦如来像が飛鳥時代後期（白鳳期）を代表する仏像であり、東日本最古にして都内寺院唯一の国宝仏であることを知っています。

また、留学生の中には日本の御朱印を集めている生徒もいて、私の家族よりもっと神社への崇拝や知識があり、見習うことがありました。

英語で話す機会がなければ、私は深大寺の歴史について知らないままだったでしょう。そこから、深大寺に対して畏敬の念が強まりました。

英語を学んで実地で使うことは、日本の文化や歴史を掘り下げる機会にもなるのです。

また、これまで海外で生活する中でも、日本文化の素晴らしさを再認識する機会がたくさんありました。日本食をつくる、浴衣を着る、ひな人形を飾る……そうした日本の文化を海外で再現することで、日本の美意識や繊細さ、季節感を大切にする文化の奥深さを感じられました。外国人の新鮮な反応を通して、日本文化の独自性や魅力を新たな視点で捉え直すことができたのです。

インターナショナルスクールでの異文化コミュニケーション

子供たちが通うインターナショナルスクールでの経験も、文化交流と相互理解の重要性を教わりました。

文化祭やバザーでは、生徒たちが自国の民族衣装を着て、手作りの料理を販売します。その売り上げは学校やコミュニティに寄付されるのが一般的です。

海外では、小学生くらいの子供たちが、学校のために近所でお菓子や飲み物を販売し、寄付を集める活動をすることがあります。こうした経験は、子供たちに社会貢献の意識を芽生えさせ、コミュニティの一員としての責任感を養うのに役立ちます。

日本でも、このような活動を取り入れると良いのではないでしょうか。子供たちに早い段階から社会参加の機会を与え、同時に日本文化の価値を再認識させることができるチャンスです。例えば、地域の伝統工芸品や郷土料理を販売するバザーを開催し、その収益を地域の文化保存活動に寄付するなど、日本的な形での社会貢献活動をすることも可能です。日本文化を見直す過程は、私たち日本人にとって、自己のアイデンティティを再確認し、グローバル社会における日本の役割を考える機会にもなります。

英語の学びとあわせて、自国への興味と愛情を抱かせることもこれからの教育に必須の要素ではないかと思います。

「塾ビジネスに踊らされていませんか？」

子供を勉強漬けにすることで失われるもの

日本の教育システムにおいて、特に都心部では、塾通いの低年齢化や受験勉強の過熱は長年の課題となっています。

しかし、子供たちの健全な成長と学びを考えるとき、果たしてこのような詰め込み式の教育が本当に効果的なのでしょうか。

私はこれまでの子育てを振り返ってみて、いわゆる日本式の受験戦争に巻き込まれたことはありません。だからこそ「なぜそんなにまでして？」と疑問に思うことが多々あります。

ここでは、海外の教育事情と比較しながら、子供たちの真の学びと成長について考えてみたいと思います。

海外、特に欧米の学校では、夏休みに宿題を出すことはほとんどありません。これは別に怠けることを奨励しているわけではなく、休暇の過ごし方に深い教育的意義を見出しているからです。

夏休みは、子供たちが心身ともにリフレッシュし、自然の中で新たな経験を積む貴重な機会として捉えられているのです。

例えば、海や山でのキャンプ、自然の観察、野外活動などを通じて、子供たちは教科書では学べない多くのことを吸収します。

新鮮な空気、緑の匂い、夏の眩しい光……こうした五感をフルに使う体験は、子供の感性を研ぎ澄まし、豊かな想像力と創造性を育みます。

自然を体感するという経験は、後の人生における生物学、環境科学、芸術など、さまざまな分野での興味や才能の芽生えにつながる可能性があります。

子供の頃の記憶は、大人になっても鮮明に残るものです。そんな多感な時期に、塾での勉強の思い出だけしか作れないとしたら、それはあまりにも残念ではないでしょうか?

確かに、勉強も大切です。しかし、それ以上に重要なのは、子供たちが自然と触れ合い、さまざまな経験を通じて世界を理解し、自分自身を発見していくプロセスではないかと私は思います。

重要なのは子供自身の興味や意欲を尊重すること

子供を塾へ連れていき、無理やり勉強させて進学させたとしても、その道が本当に子供の適性や興味に合っているとは限りません。いやいやながら選んだ進路は、後の人生にあまりプラスの影響を与えないでしょう。

むしろ、自分の興味や適性に合わない道を歩むことで、モチベーションの低下や挫折感を味わう可能性もあります。

子供にさまざまな習い事をさせて、選択肢を広げることはとても良いと思います。その際には、子供がいまいちピンと来ていなくても、親が道を用意してあげ、音楽、スポーツ、芸術など、多様な分野に触れさせることで、子供は自分の興味や才能を発見できるかもしれません。

しかし、いわゆる勉強において重要なのは、まず子供自身の興味や意欲を尊重することです。勉強に興味が湧かないうちから、親の期待や、「良い学校に入れなければならない」というプレッシャーによって、子供を勉強漬けにしたり、塾通いを強制したりすることは果たして子供のためでしょうか。子供の人生を見ているようで、結局親の理想を力ずくで押し付けていることと変わりません。

夏休みのキーワードは「自然」と「社会」

それでは、子供の興味や意欲を刺激するために、夏休みをどのように過ごすのが良いでしょうか。

私のおすすめは、インターナショナルスクールで開催される英語サマーキャンプへの参加です。インターナショナルスクールの多くでは、夏休みに外部生や地域の子供に対してサマーキャンプを開催しています。

こうしたプログラムでは、楽しみながら英語を学ぶことができます。言語を学ぶには、机の前に座ってタブレットやノートを見つめているより、実際に人と話して聞くことが最も効果的です。初心者向けのプログラムでは、必要に応じて日本語のサポートも提供されるため、英語に不安がある子供でも安心して参加できます。

プログラムの内容は多岐にわたり、英語のレッスンはもちろん、ＳＴＥＭ（科学、技術、工学、数学）関連の活動、音楽や演劇のワークショップなどが行われます。また、国際文化理解のためのワークショップや世界の料理体験など、文化的な要素も取り入れられています。

どうですか、聞いているだけでも楽しそうではないでしょうか。大人でもちょっと興味が湧きますよね。

さらに、インターナショナルスクールに通う生徒たちにとっては、こういったキャンプでボランティアとして活動する機会も重要です。

年下の子供たちと接したり、キャンプの運営を手伝ったりすることで、リーダーシップやコミュニケーション能力、責任感など、いわゆる「人間力」を養うことができるのです。

また、地域のコミュニティ活動や自然保護活動への参加も、有意義な夏休みの過ごし方の一つではないかと思います。

社会貢献の意義を自分自身の体で感じること、あるいは地域社会の一員としての自覚を持つこと。

これらは、学習塾で机に向かってゴリゴリ勉強しているだけでは学べません。同時に、こうした経験は環境問題や社会問題について考える機会にもなり、批判的思考力や問題解決能力を育むことができるでしょう。

「自分を知る機会を与える」ことが親がまずすべきこと

子供の教育において最も重要なのは、バランスの取れたアプローチではないでしょうか。学業ももちろんですが、それと同じくらい、あるいはそれ以上に、実体験を通じた学びや、自分が何を好きで、何に興味があるのかといった、「自分を知る」機会を与えてあげることが大切だと思います。

親が自分の理想の子育てをしようと習い事や塾通いを押し付けていては、自分を知る機会は訪れないまま、ひたすらスケジュールをこなすだけになってしまいます。

今、日本で街を歩いていると大手から個人塾まで学習塾の看板が溢れています。しかし、こうしたビジネスの過熱に惑わされることなく、子供一人一人の個性や興味を尊重し、多様な経験を通じて成長を促すことが、真の意味での教育ではないでしょうか。

親や教育者は、子供たちが自然に触れ、さまざまな体験をして自分自身を発見していく過程を支援する役割を担っています。

大人のそうしたサポートがあってこそ、子供たちは学ぶ喜びを知り、生涯にわたって学び続ける意欲を持つことができるのです。

塾や受験勉強といった「知識」に偏重せず、子供の人間的な成長を見守ってサポートしていくことが、これからの時代に求められる教育の在り方なのではないでしょうか。

ケンブリッジカリキュラムと日本人との親和性

ケンブリッジカリキュラムはシャイな日本人に向いている

教育システムは、その国の文化や国民性と深く結びついています。

当然、日本にケンブリッジカリキュラムなど海外の教育システムを導入する際には、日本人の特性との相性を慎重に検討する必要があります。

私は、その観点から、そして実際に娘を通わせた経験から、ケンブリッジカリキュラムは日本人の国民性と非常に親和性が高いと私は感じています。

日本人との親和性という点から、アメリカ式カリキュラムとの比較を交え、詳しく見ていきたいと思います。

まず、アメリカ式カリキュラムの特徴を考えてみましょう。

このカリキュラムでは、幼い頃から自己表現力を重視する傾向があります。例えば、「Show and Tell」という活動では、子供たちが自分の好きなものを持ち込み、クラスメイトの前で発表します。

また、グループでのプレゼンテーションも頻繁に行われ、自分の考えを大勢の前で披露する機会が多く設けられています。

このような教育方法には確かに利点があります。コミュニケーション能力や自己表現力を養うことができ、将来的にはグローバル社会で活躍する上で重要なスキルとなるのは明らかですね。

しかし、日本人の国民性を考慮すると、いくつかの課題が浮かび上がります。日本には、控えめで謙虚な態度を美徳とする文化があります。また、「出る杭は打たれる」ということわざに象徴されるように、集団の中で過度に目立つことを避ける傾向もあります。

このような文化的背景を持つ日本人の子供たちにとって、自己主張を求められ続けることや大勢の前での発表は、大きなストレスや不安の要因となる可能性が高いのではないかと思うのです。

内向的な性格は決して欠点ではなく、むしろ深い思考力や創造性と結びつくことも多いのですが、アメリカ式カリキュラムでは不利になりがちです。

和を大事にし、緻密さを尊重するケンブリッジカリキュラム

一方、ケンブリッジカリキュラムは、こういった控えめで自己主張が得意ではない日本人の特性により適合していると感じる点が多く見られます。

このカリキュラムは、イギリスの国民性を反映しており、同じ島国であるためか、どこか日本人の性質と通じるものがあるのです。

「ケンブリッジカリキュラムは日本人に合う」と感じる特徴として、以下の点があります。

①思考力重視

知識の暗記ではなく、深い思考力や分析力を養うことに重点を置いています。これは、日本の教育でも重視されている点です。

②チームワークの評価

個人の突出した能力よりも、協調性やチームでの貢献を重視します。これは、集団を大切にする日本の文化と親和性が高いです。

③緻密性の重視

細部への注意や正確さを重んじる姿勢は、日本のものづくりの精神にも通じるものがあります。

④一定の評価基準

プレゼンテーションの派手さだけでなく、カリキュラムに基づいた一定の基準で評価されるのがケンブリッジカリキュラムです。これにより、内向的な子供たちも公平に評価されやすくなります。

実際に私が知っている例として、私の娘が通っていたカナダの学校での日本人生徒が挙げられます。

この生徒は、筆記試験では高得点だったにもかかわらず手を挙げて発表することが少なかったため、教師から低い評価を受けました。このような状況は、ケンブリッジカリキュラムでは起こりにくいのです。

個々のキャラクターに合わせた教師の対応

また、P・126でインタビューしたように、ハロウインターナショナルスクール安比校の学科主任によると、内向的な生徒への対応も非常に柔軟です。

二人一組になって意見を出し合う活動、自発的に手を挙げられない子供も教師からの指名すること、個々の生徒の性格や学習スタイルに合わせた指導。

教師から生徒へのこうしたアプローチは、日本人の国民性や文化的背景を考慮したものと言えるでしょう。

静かで内向的な生徒でも、自分のペースで学び、成長できる環境を整えてくれているのです。

ケンブリッジカリキュラムは、日本人の国民性や文化的背景と高い親和性を持ちながら、グローバル社会で必要とされるスキルも養成できる、優れた教育システムです。

このカリキュラムを日本の教育に取り入れることで、日本人の長所を生かしつつ、国際的な競争力も備えた人材の育成が期待できると思います。

日本の教育の未来を考える上で、ケンブリッジカリキュラムは非常に魅力的な選択肢の一つとなるでしょう。

ケンブリッジスタイルの哲学と品格

質素に、心を豊かに、品格を持つ——イギリス文化と日本文化

「イギリスの歴史は長いため、築400年、500年といった建造物はたくさん存在します。岩手県にある100年の古民家はそれに比べれば、まだ新しいですね。壊す必要もないし、リノベーションして後世に残すことは当たり前です」

これは、岩手県を終の棲家に選んだあるイギリス人教師が日本の古民家について語った言葉です。

この発言は、イギリス文化に根付く「そこにあるもので質素に暮らし、心を豊かに、品格を持って生きる」という姿勢を如実に表しています。そして、この価値観は日本人の心の奥底にあるものと驚くほど共通しているのです。

例えば、東京駅や日本橋三越など、東京に残る古い大理石の建造物の美しさ、イギリスの古い町並みが持つ色褪せない魅力。日本の路地裏のバーとイギリスのパブの落ち着いた雰囲気。イングリッシュガーデンと日本庭園の洗練された美。

これらは非常に手の込んだ技術と美意識の結晶です。ですが、誰がどのようにつくったものであると声高に顕示しているわけではありません。そこには、自分の功績をあえて公表しないことを美徳とする共通の価値観が垣間見えます。

ケンブリッジスタイルの教育も、この哲学を反映しています。派手な発表や一発勝負のテスト結果だけでなく、努力の過程や、一見分かりにくい部分にも注目し、評価します。これは、日本の教育観とも通じるところがあります。

日本文化とイギリス文化の共通点

日本文化の根底にある品格、物を大切にする心、相手を敬う態度、個性を尊重する姿勢。これらの価値観は、イギリスのロックミュージック、日本の江戸文化、そしてケンブリッジスタイルの教育にも共通して見出すことができ、私たち日本人の心にどこか懐かしく、しっくりと当てはまるのです。

私は、これまでの英語学習や海外生活、そしてさまざまな教育システムの比較を通じて、この共通点を発見しました。その国の言葉を深く理解することで、イギリス人の思考と日本人の思考がどこか似ていることに気づくでしょう。それは文学を通じてかもしれませんし、イギリスのロックミュージックや日本の着物文化から感じ取るかもしれません。

ケンブリッジスタイルの特徴として、繊細で見えないところを評価できること、相手の悲しみや喜びを想像する力を養うことが挙げられます。これは、日本語に堪能なイギリス人が俳句や短歌の美しさに感嘆できるのと同じ感性です。

ケンブリッジスタイルの教育が目指すのは、単なる知識の習得ではありません。豊かな感性と深い洞察力を持ち、他者の心を理解し、文化の違いを超えて共感できる人間を育てることです。このような教育を通じて、私たちは次世代に、より調和のとれた、心豊かな世界を引き継ぐことができるのではないでしょうか。

ケンブリッジカリキュラムが日本に増えることのメリット

日本における教育の多様化とグローバル化を促進

近年、日本における教育の国際化が進む中で、ケンブリッジカリキュラムを採用する学校の増加が注目を集めています。一見すると、この動きは日本がこれまで培ってきた伝統的な教育システムを脅かすものと捉える向きもあるかもしれませんね。

しかし、実際には、日本社会に多くの利点をもたらす可能性を秘めているのではないでしょうか。ケンブリッジカリキュラムの普及は、日本に多くのメリットをもたらすのではと予想します。

まず、ケンブリッジカリキュラムの学校が増えることは、日本の教育の多様化を促進します。これは、グローバル化が進む現代社会において極めて重要な意味を持つはずです。

従来の日本の教育システムは、均質で高い学力を維持することに成功してきましたが、国際競争力や創造性の面で課題があると指摘されてきました。ケンブリッジカリキュラムの導入は、この課題に対する一つの解決策となり得ます。

第二に、ケンブリッジカリキュラムの特徴として、批判的思考力や問題解決能力の育成に重点を置いていることが挙げられます。これらのスキルは、急速に変化する現代社会で必要不可欠なものです。

日本の教育システムにこのような要素を取り入れることで、より柔軟で創造的な思考を持つ人材の育成が期待できます。

さらに、ケンブリッジカリキュラムの学校が増えることは、少子化に伴い教育機関の維持が困難になっているという問題に対する解決策にもなり得ます。

少ないパイを奪い合い、閉校の危機にさらされている学校も、国際的に認知されたケンブリッジカリキュラムを採用することで、世界中から生徒を集める可能性があります。

そして、ケンブリッジカリキュラムを採用する学校が地方に設立された場合、その影響は教育分野だけにとどまりません。

世界中から数百人の生徒が集まれば、その周辺地域は大きく活性化します。例えば、生徒やその家族のための住居需要が高まり、不動産市場が活性化するでしょう。また、飲食店や小売店などの商業施設も増え、地域経済に好影響を与えることが期待できます。

また、こうしたインターナショナルスクールは通常、地域コミュニティとの連携を重視します。例えば、学校行事に地域住民を招待したり、生徒たちが地域のボランティア活動に参加したりするのです。こうした機会が増えることで、国際理解を促進する効果もあるでしょう。

子供たちの可能性を広げられる新たな選択肢と課題

また、ケンブリッジカリキュラムの学校の存在は、子供たちに新たな選択肢を提供する場となることが日本にとって何よりのメリットではないかと思います。教育の多様性を高め、それぞれの生徒の個性や才能を最大限に引き出すことに繋がります。

従来の日本の教育システムでは適応が難しかった生徒や、より国際的な環境で学びたいと考える生徒たちにとって、魅力的な選択肢となるでしょう。

さらに、ケンブリッジカリキュラムを学んだ生徒たちは、将来的に日本と世界をつなぐ架け橋となる可能性があります。日本文化への深い理解と国際的な視野を併せ持つ人材として、グローバル社会で活躍する——これは、日本の国際競争力の向上にも寄与するのではないかと思います。

一方で、ケンブリッジカリキュラムの導入には課題もあります。例えば、日本の教育制度との整合性や、入学試験制度との調整などが必要となるでしょう。また、教員の確保や研修など、実施面での課題も考えられます。

しかし、これらの課題に取り組むプロセス自体が、日本の教育システム全体の改善につながる可能性もあるのではと思います。

新しい教育カリキュラムを、日本の伝統的な教育の良さと融合させることで、より豊かで多様な教育環境を創出すること。そして、そこから生まれる人材が、日本の未来を明るく照らす存在となることを切に期待しています。

おわりに

海外生活は楽しい反面大変なことも多々あります。

突然の休園のスケジュールを把握してなくて幼稚園に登園してしまったり、外国人の子供たちがお泊りにきてチーズの種類がこれではないと言われたり、入浴中に停電になりお湯がでなくなってしまり、楽しいハプニングは山ほどありました。

しかし、停電の中ろうそくで食べる夕食はきれいで楽しかったし、誕生日に象やラクダを呼んだり、楽しみをみつけることが上手になりました。

自分自身の教育を振り返っても、公立の進学校に通っていましたが、素晴らしい先生と仲間、近くの芸大の文化祭で騒いだりと素敵な思春期を過ごすことができたことは一生の

EPILOGUE

おわりに

宝物です。

自身や子供の人生は思い通りにはいきません。

私もその場その場を全力で楽しみ乗り越えた結果、自分や子供の今の人生にたどり着きました。あまり先読みせず、目の前の状況に全力投球し、未来の子供を輝かせたいと思っています。

そういう私もこれでいいのか悩むこともありました。

そんな背中を押してくれて出版をサポートしてくれながら、ずっと前を走りつづける出版プロデューサーの谷口令先生、淡々とそして渋くブリティッシュジョークに通じる下町ジョークを奏でる、かざひの文庫の磐﨑編集長に厚くお礼を申し上げます。

2024年8月吉日　佐藤陽子

取材協力

ハロウインターナショナルスクール安比ジャパン
(Harrow International School Appi Japan)
岩手県八幡平市安比高原180-8
https://www.harrowappi.jp/ja/

参考サイト

「Cambridge Assessment International Education」
https://www.cambridgeinternational.org/jp/
「Global Edu」
https://globaledu.jp/
「ONE WORLD INTERNATIONAL SCHOOL」
https://owis.org/jp/

Special Thanks

平山千夏
佐藤麻耶

PROFILE

著者紹介

佐藤陽子

Yoko Sato

東京生まれ。東亜国内航空羽田空港勤務後、家族の海外転勤に帯同。インド・ニューデリー、インドネシア・ジャカルタ、カナダなどで子供をインターナショナルスクールへ通わせ、バイリンガルに育っていく過程を経験する。娘が日本で通った学校のケンブリッジカリキュラムを体験し、これからの日本の公立、私立共に普及していく英語教育と考えている。現在はドイツからの輸入貿易会社に勤務。ジャカルタ在住時、テニスのダブルスでBクラス準優勝。趣味テニス観戦。

英国式《えいこくしき》インターナショナルスクールで娘《むすめ》が変《か》わった！

ケンブリッジスタイル

佐藤陽子《さとうようこ》 著

2024年9月24日　初版発行

発行者　磐崎文彦
発行所　株式会社かざひの文庫
〒110-0002　東京都台東区上野桜木2-16-21
電話／FAX 03(6322)3231
e-mail: company@kazahinobunko.com
http://www.kazahinobunko.com

発売元　太陽出版
〒113-0033　東京都文京区本郷3-43-8-101
電話 03(3814)0471　FAX 03(3814)2366
e-mail: info@taiyoshuppan.net
http://www.taiyoshuppan.net

印刷・製本　モリモト印刷
出版プロデュース　谷口令
編集協力　中村理絵
装丁　藤崎キョーコデザイン事務所

ISBN978-4-86723-166-1